सफलताओं की कुंजी

अपने जीवन में सफलताओं को कैसे आकर्षित करें

चार्ल्स एफ. हानैल

रूपांतर :

सोनल मित्रा

सफलताओं की कुंजी

अपने जीवन में सफलताओं को कैसे आकर्षित करें

चार्ल्स एफ. हानैल

रूपांतर :
सोनल मित्रा

EMBASSY BOOKS
www.embassybooks.in

सफलताओं की कुंजी

Originally published as a correspondence course by
Charles F Haanel

This edition with new layout and design published by Embassy Book Distributors, 2008.

Published in India by :
EMBASSY BOOK DISTRIBUTORS
120, Great Western Building,
Maharashtra Chamber of Commerce Lane,
Fort, Mumbai - 400 023.
Tel : (+91-22) 22819546/32967415
Email : info@embassybooks.in
Website: www.embassybooks.in

ISBN 13: 978-93-80227-46-7

Printed in India by Decora Printers.

प्रस्तावना

कुछ लोग जिंदगी में, सब कुछ बहुत कम कोशिश से हासिल कर लेते हैं, पर अनेकों को काफी मेहनत करनी पड़ती है. पर कुछ लोग बहुत कोशिशों के बावजूद भी कुछ हासिल नहीं कर पाते.

ऐसा क्यों? यह अंतर दिमागी ताकत का है. अतः दिमाग ही वह शक्ति है, जिसकी मदद से, कार्य करके व्यक्ति हर लड़ाई जीत लेता है.

विचारों की अद्भुत शक्ति को समझकर ही इसके अद्भुत प्रभाव से लाभ उठा सकोगे. पर यह सभी नतीजे उचित तौर पर, पूरे ध्यान से मेहनतपूर्वक लागू करने पर ही मिलेंगे.

जो छात्र यह समझ लेगा कि शक्ति अंदर ही संभव है वही जीतेगा. अभी तक उसकी हार का कारण, उसका बाहर शक्ति ढूँढना था.

दिमाग हर समय अच्छी-बुरी दोनों प्रकार की परिस्थितियों का विचार करता रहता है. अतः व्यक्ति जो कुछ भी सोचता है, वही हो जाता है. यूँ कहिए कि जैसा बोता है, वैसा ही काटता है.

प्रचुरता के नियम के कारण, जो व्यक्ति अपने साधनों का पहचान कर, उपयोग करना आरंभ कर देता है, वही उनका लाभ भी उठा पाता है.

विज्ञान ने अज्ञान के अंधेरे को दूर कर दिया है. इससे हमें यह समझ

आ गया है कि प्रत्येक प्रभाव, किसी न किसी कारण का नतीजा होता है. व्यक्ति को सिर्फ उन परिस्थितियों को, दिमाग की शक्ति से पैदा करना है. आज इस नियमने विश्व का नक्शा बदल दिया है. यह स्पष्ट हो चुका है कि एक विशेष प्रकार के सोचने के तरीके से, हम इच्छित नतीजा पा सकते हैं.

हमारी 'सफलताओं की कुंजी' पूरी तरह वैज्ञानिक सत्यों पर आधारित है. इससे आप अपने अंदर छुपी प्रतिभा को उजागर करके, अपने सपनों को साकार करेंगे. इसमें दिमाग के प्रत्येक तरीके को समझाया गया है. इससे व्यक्ति की क्षमता बढ़ जाती है तथा वह ऊर्जाशक्ति से पूर्ण हो जाता है.

किसी भी प्राकृतिक नियम को अपनाने की प्रत्येक संभव कोशिश, इस नियम से हमें सीखने को मिलती है. लोग सारी उम्र, किसी काम को करने पर भी, उसके नियमों का मूल्य नहीं सीख पाते है. 'सफलताओं की कुंजी' प्रतिदिन की जिंदगी में इसे लागू करेन की शिक्षा देता है.

इसमें हम दिमाग को, नई ऊर्जाओं के प्रति सचेत तथा आशावान् बनाते हैं. इससे इच्छा तथा तर्क शक्ति का विकास होता है. अपनी कल्पना शक्ति को बढ़ाकर, उसका उचित उपयोग करना आ जाता है. सही चुनाव करने व्यक्ति, अपनी जिंदगी में ऊँचाईयों को छूता है.

दिमागी शक्ति का कोई विकल्प नहीं होता. इस से आप अपनी जिंदगी पर पूरी तरह काबू पा लेते हैं. याददाश्त बढ़ने से, दूरदर्शिता

भी बढ़ जाती है. हर सफल व्यक्ति की यही पहचान है. हजारों व्यक्ति हाथ आए मौकों को नहीं संभाल पाते. 'सफलताओं की कुंजी' की मदद से, आप जो चाहते हैं, वही पा सकते हैं. प्रकृति के मूल नियमों को समझकर, प्रभु से नाता जोड़ सकते हैं.

मानसिक शक्ति रचनात्मक होती है. इससे हर प्रकार के डर, भय, चिंता और कमियाँ समाप्त हो जाती है. दबे हुए प्रभाव बाहर आकर, व्यक्ति को योग्य बनाते हैं. इसने हजारों की जिंदगी बदल दी है. उन्हें अनिश्चित, भद्दे तरीके छोड़कर, जिंदगी को एक निश्चित दिशा में ले जाना आ जाता है.

यह बाकी अन्य प्रकार की शिक्षाओं से अलग है. विश्व में विचारों में परिवर्तन आ रहा है.

विज्ञान ने अद्भुत खोजें की हैं. अब साधनों को पहले से बेहतर तरीके से उपयोग करके, जिंदगी में इस्तेमाल किया जा सकता है. पुरानी बातें अब समाप्त होती जा रही है.

विश्व में नई चेतना, नई शक्ति आ रही है. जैसे प्रकृति की सबसे शक्तिशाली ताकतें अदृश्य हैं वैसे ही इंसान के अंदर भी अद्भुत ताकतें छिपी हैं. इन्हें मात्र विचारों की शक्ति से प्रकट किया जा सकता है. इसी से तर्क करने की शक्ति बढ़ती है.

प्रत्येक विचार, एक निश्चित भौतिक प्रभाव का परिणाम होता है. तथा इससे दिमाग हरकत में आ जाता है. इससे आप फेल को पास में बदल सकते हो.

साहस, शक्ति, सहयोग से भरे विचारों से, गलत विचार हट जाते हैं. जीवन में नया सवेरा आता है. व्यक्ति नई उम्मीद, आशा और आत्मविश्वास से भर जाता है. वे सभी मौके, तरीके, जो अभी तक उससे दूर थे, उसके हाथ आ जाते हैं. यही नहीं उसके पास के लोग भी उससे लाभ उठाते हैं. इस प्रकार व्यक्ति न केवल स्वयं को, बल्कि अपने वातावरण, स्थितियों को भी बदलने में सफल हो जाता है.

हम एक नई सुबह के द्वार पर खड़े है इस परिस्थिति में अनोखे, असीमित मौके छुपे हैं. आज, इस पुस्तक की मदद से आप, बाकी लोगों से आगे कदम बढ़ाकर दुनिया को जीत सकते हैं.

विषय सूची

परिचय - भाग एक

मेरा सौभाग्य है कि मैं आपके सामने 'मास्टर की सिस्टम' पुस्तक का भाग-एक प्रस्तुत कर रहा हूँ. क्या आप अपनी जिंदगी में और शक्ति लाना चाहते है ? तो पहले स्वयं में इस शक्ति के प्रति जागरूकता लाइए. अच्छी सेहत चाहते हैं तो सर्वप्रथम अच्छी सेहत के लिए जागरूकता लाइए. ज्यादा खुशी चाहते हैं तो अधिक खुश रहने का जज्बा लाइए. इन सभी बातों का हिस्सा स्वयं को बनाने के लिए इन्हें इतना महसूस कीजिए कि ये आपके दिन रात का, आपके व्यक्तित्व का हिस्सा बन जाएँ, तब आपके लिए इनसे दूर रह पाना कठिन हो जाएगा. यह सभी संसारी शक्तियाँ वास्तव में मानव की अंदरूनी ताकत का एक हिस्सा ही है. इन्हें जगाकर इंसान दुनिया में ताकतवर बन जाता है.

हमें इन्हें कहीं और से जीतकर नहीं लाना है, ये हमारे अंदर ही मौजूद हैं. अगर इन्हें समझना चाहते हो, इस्तेमाल करना चाहते हो, पाना चाहते हो, इनसे स्वयं को मजबूत करना चाहते हो, तो इनका इस्तेमाल करो, आगे बढ़ो और दुनिया जीत लो.

दिन प्रतिदिन जैसे-2 आपकी इस कार्य में गति बढ़ेगी, आपकी प्रेरणा बढ़ती जाएगी. जब आपके विचार सफल होंगे, तब आपको यह समझ आता जाएगा कि यह दुनिया मात्र ईंट-पत्थरों का ढेर नहीं है. यह जीती-जागती दुनिया है जिसमें जीवन, सुंदरता, इंसानियत जैसे गुण भी मौजूद हैं.

यह बात स्पष्ट है, कि कार्य को जीतने के तरीके से करने के लिए व्यक्ति में समझ तथा अपने प्रति विश्वास होना चाहिए, जिन्हें यह बात समझ आ गई, वे हर दिन स्वयं में नया भरोसा तथा नई शक्ति पाते हैं और इस प्रकार अपने सपनों को साकार भी कर पाते हैं तथा भरी पूरी जिंदगी जीते हैं.

भाग

एक

1. कुछ करने वाला कुछ से अधिक पाता है और कुछ भी न करने वाला नुकसान उठाता है, यह सच है.

2. व्यक्ति का दिमाग क्रिएटिव होता है. हमारा वातावरण, अनुभव आदि हमारे मानसिक व्यवहार का नतीजा है.

3. दिमाग के तौर-तरीके हमारी सोच पर निर्भर हैं. इसी कारण व्यक्ति की हर सफलता, हर शक्ति, काबलियत प्रत्येक वस्तु का राज़ उसके सोचने पर टिका है.

4. ऐसा इसलिए भी सच है क्योंकि किसी भी काम को करने के लायक होने से पहले स्वयं में उसकी भावना होना जरूरी है. चूंकि हम उसी हद तक ही काम कर सकते है - जहाँ तक सोचते हैं, जहाँ तक कि अपने आप में शक्ति महसूस करते हैं.

5. जिस चीज़ की इंसान में क्षमता नहीं होती, उसके विषय में उसकी शक्ति भी नहीं होती. इसी कारण हमें स्वयं में पहले से मौजूद शक्तियों को जगाना है, अपनी अंदरूनी शक्ति को पहचानना है.

6. व्यक्ति में एक पूरा संसार निहित है - ऐसा संसार जो सोच, भावनाएँ, शक्तियाँ लिए है, जो रोशनी और जिंदगी लिए है.

यह सभी छुपी हुई शक्तियाँ होते हुए भी अत्यंत जोरदार है.

7. यह अंदर की दुनिया इंसान के दिमाग से चलती है. जब हम इस दुनिया से खुद को जोड़ लेंगे तो हमारे पास हर मुश्किल का हल खुद ब खुद आ जाएगा और फिर चूंकि यह शक्ति हमारे स्वयं के कंट्रोल में है तो फिर सभी प्रकार की बाहरी शक्तियाँ भी हमारे हाथ के नीचे अपने-आप आ जाएंगी.

8. वास्तव में बाहरी दुनिया को हमारी अंदरूनी दुनिया अपनाती नहीं है, इसमें ही छुपी हैं असीमित बुद्धि क्षमता, शक्ति या फिर स्वयं के लिए जो भी इंसान चाहता है. अगर हम इस अंदरूनी दुनिया की संभावित क्षमता को पहचान ले, तो इसे बाहरी दुनिया के आकार में लाना भी संभव है.

9. अब प्रश्न यह उठता है कि इन दोनों बाहरी-अंदरूनी में समझौता कैसे बिठाएँ तो ऐसा तब होगा जब इसके लिए माकूल माहौल होगा. यही हर अच्छी बात चाहे वह सेहत, पहचान, सफलता, शक्ति, धन-संपत्ति (जो भी हो) के लिए आधार है.

10. इन दुनियाओं का एक अर्थ यह भी है, कि हममें अपने विचारों को काबू करने की शक्ति आनी चाहिए हर स्थिति से लड़ने की ताकत आनी चाहिए.

11. इसका एक अर्थ यह भी है, कि व्यक्ति अधिक आशावादी तथा प्रभावशाली बने. जब अंदर से ऐसा होगा तो लाजमी तौर पर इसका प्रभाव बाहर भी पड़ेगा.

12. यह बाहरी दुनिया परिस्थितियों तथा शर्तों से बँधी हुई है.

13. अगर हमें अंदरूनी समझ मिल जाएगी, तो हम बाहरी दुनिया की शानदार संभावनाओं को खोज पाएँगे. तथा उससे फायदा उठाने की शक्ति भी स्वयं में ला पाएँगे.

14. जब हम इस बुद्धि की सत्ता के प्रति सचेत हो जाते हैं तो हम इस सत्ता के अपने आप ही मालिक हो जाते हैं. धीरे-धीरे, व्यक्ति में यह क्षमता आ जाती है, किसी भी इंसान को जीवन में सफलता पाने के लिए यह जरूरी होती है.

15. अंदर की यह दुनिया की वास्तव में असली दुनिया होती है. शक्तिशाली स्त्री-पुरुष साहस, आशा, उत्साह, हौंसला, विश्वास, लगन जैसी भावनाओं को स्वयं में बढ़ा लेते हैं. इससे उनमें बाहरी दुनिया को परखने, जूझने और जीतने की ताकत तथा हिम्मत आ जाती है.

16. जीवन एक स्वयं में गतिमान, बढ़ने वाली स्थिति नहीं है. जो भी हम इस जीवन में बाहरी तौर पर प्राप्त करते हैं, वह वास्तव में पहले से ही हमारे अंदर छुपा होता है.

17. सभी उपलब्धियाँ, सभी फायदे हमारे जागरूक होने पर निर्भर हैं. उसी प्रकार सभी प्रकार की हानियाँ हमारी सोची हुई नासमझी के कारण होती है.

18. मानसिक तौर पर तेज होना, सहयोगी भावना पर निर्भर है, जबकि ऐसा न होने पर भ्रम हो जाते हैं. इसलिए शक्ति पाने का तरीका पूरी तरह प्राकृतिक होना चाहिए.

19. निष्पक्ष दिमाग से कार्य करने पर हम ऐसा कर पाते हैं. मस्तिष्क पूरे शरीर को जोड़ता है, इसलिए यह इस कार्य में साधक

भी है साधन भी. इसी की उचित कार्यप्रणाली से शरीर गरमी–सरदी गंध, आवाज आदि को पहचानता एवं समझता है.

20. जब व्यक्ति का दिनाग ठीक प्रकार से सोचता है, तब उसे हर बात में छुपा सच तुरंत समझ आ जाता है. जब दिमाग में आने वाले विचार सकारात्मक होते हैं, तो इनसे उठने वाली भावनाएँ भी खुशनुमा और शांत होती है.

21. नतीजन हम स्वयं नें शक्ति, ताकत, बढ़ने की इच्छा जैसी भावनाओं का अहसास करपाते है. इसके विपरीत ऐसा न होने पर दुख, बीमारी, कमी, हर प्रकार की मजबूरियाँ आदि जिंदगी का हिस्सा बन जाती हैं. अत: गलत विचारों से व्यक्ति गलत भावनाओं को बढ़ाना देता है.

22. हमारा अर्धचेतन दिमाग हमें इस दुनिया से जोड़े रखता है. सभी प्रकार की अर्धचेतन भावनाओं जैसे खुशी, दुख, प्यार, साँस लेना, सोचना आदि को अर्द्धचेतन तरीके से हमारी नसें नियंत्रित करती हैं. इसी कारण हम पूरे विश्व से जुड़े रहते हैं.

23. व्यक्ति की जिंदगी का सबसे बड़ा रहस्य है इन दोनों दुनियाओं के बीच खड़े अपने अस्तित्व को समझना तथा इनमें तारतम्य बिठाना. इन दोनों (चेतन तथा अर्ध–चेतन) दुनियाओं की कार्यप्रणाली समझते हुए हम तर्किक तथा विषयारूपी दिमागों को सचेत तौर पर क्रियान्वित कर सकते हैं तथा इस सीमित व असीमित को मिला कर अपने जीवन का लक्ष्य पा सकते हैं. हमारा भविष्य पूरी तरह हमारे हाथों में हैं. यह किसी भी प्रकार की अस्थायी, ऊपरी या बाह्य शक्ति के हाथों में नहीं है.

24. आप भी इस बात से सहमत होंगे कि पूरा विश्व एक ही

सत्ता के हाथों से चल रहा है. वह नियम है, इंसान का जागरूक होना. यह नियम हर देश, काल परिस्थिति में एक सा ही रहता है. यह विचार सर्वोत्तम तथा सर्वोच्च हैं, यह एक अनादि-अनंत विचार है. हर प्रकार के विचार व्यक्ति के आंतरिक तत्वों में छुपे हुए हैं.

25. पूरे विश्व में सिर्फ एक ही प्रकार के विचारों की समानता है, जो हर स्थान पर एक सी है. हर मानव मात्र में एक सी है. बस यूँ समझिए कि हर व्यक्ति, सब तरफ फैले उसी विचार की एक शाखा है.

26. ऊपर कही बातों को ही आगे बढ़ाते हुए यह भी स्पष्ट हो जाता है, कि यह विचारों की समझ चूंकि एक सी है, इसलिए सभी दिमागों के सोचने का तरीका भी एक सा ही है.

27. जो समझ, आपके मस्तिष्क में एकाग्रता लाती है, वह अन्यों के मस्तिष्कों में भी ऐसा ही प्रभाव करती है. संपूर्ण विश्व एक में निहित है तथा एक में संपूर्ण विश्व है जिसे हम 'कास्मिक' दिमाग कहते हैं.

28. सर्वव्यापी (यूनिवर्सल) दिमाग शक्ति का भंडार है, जो व्यक्ति के कार्यों के द्वारा प्रकट होती है.

29. व्यक्ति की सोचने-समझने की क्षमता उसे विश्व के साथ सामंजस्य करना सीखाती है. व्यक्ति की समझ पूरी तरह से उसकी सोचने की शक्ति पर है दिमाग स्थिर शक्ति की कोमल शाखा है जिसमे से विचार निकलते हैं. विचार दिमाग की ही उत्तम अवस्था है. दिमाग एक स्थायी शक्ति है जबकि विचार परिवर्तनीय शक्ति है. इस प्रकार विचार ही वह शक्तिशाली ताकत है जो ठहरे हुए शांत दिमाग को अस्थायी करके जीवन की तरंगों से भर देता है.

30. सर्वव्यापी दिमाग, इंसान के हर प्रयासों को नियंत्रित करता है, क्योंकि यह सभी स्थानों पर उपस्थित रहता है. यह सर्वशक्तिशाली तथा बुद्धिपूर्ण है. यह ताकत हर समय पर, हर व्यक्ति में उपस्थित रहती है. इसलिए जब व्यक्ति सोचता है तब उसके विचार, स्वयं ही प्राकृतिक तौर पर अपने तत्व से नाता जोड़ लेते हैं.

31. इस प्रकार प्रत्येक विचार किसी अन्य विचार के कारण उत्पन्न होता है और हर स्थिति भी किसी अन्य विचार का नतीजा है. इसी यह जानना अत्यंत जरूरी है कि आप अपने विचारों को नियंत्रित करके केवल अच्छी स्थितियाँ ही पैदा करें.

32. उचित तौर पर विचार करने पर आप जान जाएँगे की प्रत्येक शक्ति तथा स्थिति आपके पूरे नियंत्रण में है.

33. प्रकृतिप्रदत्त शक्ति के इस नियम को समझते ही आप अपने विचारों को पूरी तरह नियंत्रित कर पाएँगें तथा यह बात हर स्थिति में लागू होती है. दूसरे शब्दों में कहें तो आप सर्वत्र फैले हुए जागृक सहयोग का हिस्सा बन जाएँगे.

34. यह विश्वव्यापी दिमाग ही मानव तथा अन्य जैविकों का जीवन चिन्ह है, जिसमे प्रत्येक जर्रा लगातार जीवन से कुछ अधिक पाना चाहता है. सभी बुद्धिमान जीव उस जीवन लक्ष्य को पाना चाहते हैं, जिसके लिए वे इस संसार में आए हैं.

35. ज्यादातर लोग सांसारिक (बाहरी) दुनिया में ही जीते हैं, सिर्फ कुछ ही उस अंदरूनी सत्ता का अनुभव करते हैं. बात सिर्फ यह समझने की है कि बाहरी दुनिया अंदर की दुनिया का प्रतिरूप ही है, उसी से बनी है. यह अंदरूनी दुनिया अत्यंत रचनात्मक है, इसी ने हमारा बाहरी संसार रचा है.

36. जब इन दोनों दुनियाओं का आपसी संबंध समझ जाओगे तो यह भी समझ जाओगे कि बाहरी दुनिया अंदर की दुनिया का नतीजा है अत: इस बाहरी को बदलने के लिए पहले अंदर की दुनिया को बदलो.

37. उम्मीद है, आपको यह नया, क्रांतिकारी विचार समझ आ गया होगा. अधिकांश लोग नतीजो को बदलने के लिए उनके साथ ही काम करना शुरू कर देते हैं, पर इससे वे अधिक मुश्किल में फँस जाते हैं. इसे बदलने का एक मात्र तरीका है, अंदरूनी दुनिया को बदलो, बाहर स्वयं ही बदल जाएगा.

38. सारी वृद्धि इसी पर टिकी है. केवल मानव ही नहीं, जानवर, पेड़-पौधे भी इसी का साक्षात् उदाहरण हैं. बस भूतकाल से एक ही गलती हो रही है कि व्यक्ति बाहर से शक्ति पाना चाहता है.

39. हमारे अंदर छिपा हुआ सत्य ही, लगातार शक्ति देनेवाला पावर हाऊस है और बाहरी दुनिया इसी से निकली एक धारा है, बस हमें अंदर के इस पॉवर हाऊस (शक्ति स्त्रोत) को जगा कर उपयोग करना है. यह असीमित शक्ति सतत् है तथा प्रत्येक व्यक्ति में मौजूद है.

40. 'पहचानना' एक दिमागी तरीका है. इसलिए प्रत्येक इंसानी कार्य व्यक्ति के सर्वव्यापी (यूनिवर्सल) दिमाग से आदान-प्रदान से शुरू होता है. यह सभी स्थानों में तथा जीवित व्यक्तियों में चलता रहता है. इसके नतीजे के तौर पर लोग जिंदगी में अनेक प्रकार के प्रयोग तथा उपयोग करते हैं.

41. दिमाग के बिना कुछ भी नहीं है, जिंदगी भी इसी से संभव है. इस संसार की प्रत्येक वस्तु इसी दिमाग की उपज है तथा इसी के कारण सभी वस्तुएँ बनी हैं.

42. हम एक अंजाने, गहरे समुद्र में गोते खा रहे हैं, जिसमें दिमाग सदा कार्य करता रहता है. यह मानसिक जरूरत के अनुसार विचार तैयार कर लेता है. इन्हीं विचारों के द्वारा हम स्वयं को व्यक्त करते हैं.

43. पर याद रखिए कि किसी विचार का मूल्य उसके सही तौर पर लागू होने से है. इसी नियम को पूरी तरह समझने से हम गरीबी को अमीरी में, नाकाबलियत को काबलियत में, झगड़े को प्यार में, तानाशाही को आजादी में बदल सकते हैं. और यकीन मानिए, सामाजिक तौर पर इससे बड़ी कोई बात नहीं है.

44. अब सोचना सिर्फ यह है कि शुरूआत कैसे और कहाँ से करें - सर्वप्रथम शांत, परेशानीरहित एक कमरा चुनो, वहाँ सीधे आराम से बैठो, पड़े नहीं रहो. अपने दिमाग में आते हुए विचारों को 15 मि. से 30 मिनट तक मनचाही दिशा में घूमने दो, पर आपको हिलना बिल्कुल नहीं है. 5-7 दिन तक ऐसा करने से धीरे-धीरे आप शांत तथा स्थिर होने में कामयाब हो जाएँगे.

45. आरंभ में अनेक लोगो को यह कार्य कठिन लगेगा, परंतु जो भी हो, सर्वप्रथम आप को अपने शरीर पर पूरा नियंत्रण पाना है. अब इसके लिए स्वयं को तैयार करें, फिर चलिए आगे बढ़ते हैं. अगले सप्ताह, आप अगले कदम के लिए निर्देश जानेंगे, तब यह निर्देश आपको पूरी तरह समझ आ जाएँगे.

▶ अभ्यास प्रश्न उत्तर सहित

1. अंदर का बाहरी दुनिया से क्या संबंध है ?

   बाहरी दुनिया अंदर की दुनिया का प्रतीक है.

2. हमारी सारी उपलब्धियाँ किस पर निर्भर हैं?

   सचेत, जागृक रहने पर.

3. व्यक्ति का इस उद्देश्यपूर्ण दुनिया से क्या संबंध है?

   उद्देश्यपूर्ण मस्तिष्क द्वारा व्यक्ति इस उद्देश्यपूर्ण दुनिया से जुड़ा है, जिसका कार्यकारी अंग दिमाग ही है.

4. व्यक्ति का सर्वव्यापी दिमाग से क्या संबंध है?

   अर्धचेतन द्वारा यह संबंध जुड़ा है. इस दिमाग का कार्यकारी अंग (सोलर प्लेक्स) है.

5. सर्वव्यापी मस्तिष्क क्या है ?

   यह संसार में विद्यमान प्रत्येक वस्तु के जीवन का नियम है.

6. व्यक्ति इस सर्वव्यापक से कैसे संबंध जोड़ता है?

   अपनी सोचने की शक्ति से. अपने विचारो को प्रकट करके वह सर्वव्यापक से संबंध रखा है.

7. इस क्रिया प्रतिक्रिया का क्या परिणाम होता है?

   कारण तथा प्रभाव - हर विचार एक कारण है तथा उससे

पैदा होने वाली हर स्थिति उस का प्रभाव.

8. शांत, इच्छित स्थितियाँ कैसे पैदा की जाएँ?

   सही विचारों का निर्माण करके.

9. सभी झगड़ों, अशांति, कमियों तथा मजबूरियों का क्या कारण है?

   गलत विचार धारा का होना.

10. सभी शक्तियों का स्त्रोत क्या है?

    व्यक्ति की आंतरिक दुनिया ही वह स्त्रोत है जो सदा लगातार शक्ति प्रदान करता रहता है. यह ऐसी असीमित शक्ति है, जो प्रत्येक व्यक्ति में निहित है, उसके द्वारा प्रकट होती है.

परिचय - भाग दो

व्यक्ति के जीवन में परेशानियाँ मूलतः दो कारणों से पैदा होती हैं - विचारों में भ्रम होना तथा अपनी वास्तविक इच्छा (हित) को न जान पाना. इस उद्देश्य के लिए महत्वपूर्णकार्य है - वे प्राकृतिक तौर-तरीके, जिनके द्वारा हम अपने उद्देश्य को स्वाभाविक रूप से पा सकें. इसी कारण विचारों में स्पष्टता और नैतिकता, ये दोनों बातें एक अमूल्य महत्व रखती है. सभी प्रक्रियाएँ, यहाँ तक कि हमारे विचार तथा सोचने की प्रक्रिया की क्षमता भी इन्हीं मजबूत नीवों पर टिकी है.

जितनी अधिक विचारों को जाँचने की क्षमता होगी, उतनी ही जाँच शुद्ध होगी. जितना स्वाद शुद्ध होगा, उतनी ही नैतिक भावनाएँ शुद्ध होगी. जितनी बुद्धि की क्षमता विनम्रता से भरी होगी उतनी ही भावनाएँ अच्छी होगी. ऐसा होने से मनुष्य का अस्तित्व अधिक शुद्ध तथा गहन हो जाएगा. इसलिए यह विचारधारा हमें असीमित आनंद देती है.

इंसानी दिमाग की शक्तियाँ, संभावनाएँ, इस्तेमाल के तौर-तरीके इस नयी विचारधारा के अंतर्गत आनेवाली ये सभी बातें पुरानी बातों की तुलना में अतुलनीय हैं, अधिक अच्छी है, यहाँ तक की ये जीवन में सबसे अधिक खर्च करके पाई जाने वाली ख़ुशी से बढ़ कर हैं, भौतिक सुविधाओं से बढ़कर हैं. विचार ही शक्ति है. सचेत विचार जागृत शक्ति देते हैं. नियंत्रित विचार नियंत्रित ऊर्जा देते हैं. जो विचार किसी विशेष उद्देश्य पर केंद्रित किए जाते हैं वे शक्ति बन जाते हैं. पर ये विचार उन्हीं के लिए संभव हैं जो गरीबी, असंभव जैसे शब्दों को नकार देते हैं. जो इन्हें कमजोरों की

भाषा कहते हैं.

इस शक्ति को पहचान कर साधने की क्षमता ऐसे व्यक्ति के अस्तित्व पर निर्भर है जो लगातार अपने शरीर तथा दिमाग मे कुछ नया करने का सोचता है, जो हर समय आने वाली चुनौती को साधकर कुछ उपयोगी करना चाहता है. अगर सीधे-सीधे शब्दों में कहें तो यह इंसान की बाहरी जिंदगी का दर्पण है.

भाग दो अब वही तरीके समझाता है जिससे यह उद्देश्य पाए जा सकें.

भाग

दो

1. दिमाग की कार्यप्रणाली दो समानांतर क्रियाओं से होती है एक सावधान दूसरा असावधान. श्री डेविडसन का कहना है कि जो व्यक्ति अपनी दिमागी सावधानी से पूरी मानसिक कार्यप्रणाली को जगमगाना चाहता है, वह उसके समान है, जो कि पूरी दुनिया को एक छोटी मोमबत्ती से जगमगाना चाहते हैं.

2. मानव के अंदर के विचारों की कार्य प्रणाली एक निश्चितता तथा नियम से ही चलती है तथा इसमें गलती होने की संभावनाओं के होने से यह कार्य असंभव हो जाता है. हमारा दिमाग इस प्रकार से बना है कि वह इस ज्ञान गंगा के लिए हमें तैयार करता है चाहे हमें इसकी कार्य व्यवस्था का जरा सी भी जानकारी न हो.

3. दिमाग का असतर्क हिस्सा - एक दयालु अजनबी की तरह हमारे लाभ के लिए कार्य करता है तथा सिर्फ अच्छी बातें ही पहुँचाता है. इस प्रकार इस पूरी वैचारिक प्रक्रिया का अंतिम लक्ष्य यह स्पष्ट करता है कि मानसिक विचारों के आदान प्रदान की प्रक्रिया का दर्पण यही असतर्क, गहन दिमाग है.

4. इसी दिमागी अंदरूनी शक्ति से बिना किसी कोशिश के भी शेक्सपियर ने ये महान विचार दुनिया को प्रदान किए जो कि

साधारण विद्यार्थियों के सतर्क दिमाग से छुपे ही रहे. इसी के कारण बीथोवन संसार को महान संगीत दे पाया.

5. जब हम इस सतर्क दिमाग पर निर्भरता को कम कर देंगे, उसी समय से हमारी कार्य क्षमता में आसानी तथा पूर्णता आती जाएगी. उदाहरण के तौर पर पियानो बजाना, स्केटिंग करना आदि ऐसे कार्य हैं जो पूरी तरह से असतर्क दिमाग पर निर्भर हैं.

6. अब जैसे कि हम जान चुके हैं कि हमें इस असतर्क दिमाग पर हमारे सबसे अच्छे दयालु, महान विचार निर्भर हैं, जितनी ज्यादा ये बात हमें स्पष्ट होंगी उतनी ज्यादा ही हममें समझदारी आती जाएगी. हमारी बुद्धि का उसी प्रकार विकास होता जाएगा.

7. यह असतर्क दिमाग अमूल्य है, यह समय-समय पर हमें प्रेरणा देता है, चेतावनी देता है. दिमागी स्टोर अलग-अलग विषयों पर जानकारी उपलब्ध कराता है. यह हमारे विचारों को दिशा देता है, इसकी शक्ति से व्यक्ति कठिन से कठिन कार्यों को सफलता तथा सरलता से पूरा करते हैं, जिसे कोई सतर्क दिमाग क्षमता होते हुए भी नहीं कर सकता.

8. व्यक्ति के कुछ कार्य ऐच्छिक हैं, जैसे चलना, बोलना, हाथ हिलाना आदि जबकि कुछ अनैच्छिक, जैसे साँस लेना शरीर का बढ़ना, रक्त का नाड़ियों में बहना आदि.

9. अगर हम इन दोनों प्रकार के कार्यों की तुलना करें तो यह नतीजा निकलता है कि एक कार्य तो वक्त की जरूरत के मुताबिक किया जाता है जबकि अनैच्छिक कार्य स्वयं अबाध होते हैं. कई बार हम स्वयं से ही लगातार इस सब के पीछे छुपा सत्य जानना

चाहते हैं तो समझ आ जाता है कि ये इंसानी भौतिक शरीर के लिए जरूरी क्रियाएँ है पर साथ ही यह भी स्पष्ट होता है कि ईश्वरीय शक्ति ने सउद्देश्य ये कार्य इंसानी नियंत्रण के परे, परंतु एक अंदरूनी गहन शक्ति के नियंत्रण में रखे हैं.

10. इन्हीं दो शक्तियों में से बाहरी तथा बदलने वाली शक्ति हमारा सतर्क दिमाग है, जो कि तार्किक भी होता है. यह बाहरी बातों को संभालता है. दूसरी गहन अंदरूनी शक्ति, हमारा असतर्क दिमाग है जो इंसान की भौतिक जिंदगी के लिए जरूरी अंदरूनी काम संभालता है.

11. हमें मानसिक तौर पर इन दोनों के अलग अलग कार्यों की क्षमताओं की स्पष्ट जानकारी होनी चाहिए. सतर्क दिमाग इंसान की पाँचों ज्ञानेन्द्रियों के द्वारा रोजमर्रा की जिंदगी के कार्यों को अंजाम देता है.

12. इसे सही-गलत का निर्णय लेने का उचित ज्ञान होता है. इसे तर्क करने की क्षमता प्राप्त होती है चाहे वह किसी क्षेत्र से जुड़ना हो या अलग होना है. इसमें यह शक्ति अपने आप आ जाती है. हमारी इच्छा से यह शक्तियाँ निकलती जाती हैं.

13. यह न केवल दूसरे को दिमागी तौर पर प्रभावित करता है बल्कि असतर्क दिमाग को भी समय-समय पर निर्देशित करता है. इस प्रकार धीरे-धीरे यह एक जिम्मेदार शासक तथा असतर्क दिमाग का रखवाला बन जाता है. यही कार्य किसी व्यक्ति के जीवन की दिशा पलट सकते हैं.

14. यह सच है कि डर, चिंता, गरीबी, बीमारी मेलजोल की

कमी तथा अन्य सभी बुराईयाँ व्यक्ति के असतर्क दिमाग के कारण मानी गई बेबुनियाद बाते हैं. एक प्रशिक्षित सतर्क दिमाग इन सभी को अपने सतर्क, सुरक्षित कार्य प्रणाली से रोक सकता है. इस प्रकार यह असतर्क दिमाग का सतर्क चौकीदार भी बन जाता है.

15. एक अन्य लेखक के अनुसार, ''सतर्क दिमाग एक तर्क करने की इच्छा है. जबकि असतर्क दिमाग परिस्थितियों के अनुसार ढलने की क्षमता है जो पिछली तर्क इच्छा का परिणाम है.

16. बाहरी स्रोतों द्वारा उपलब्ध कराई गई जानकारियों के आधार पर असतर्क दिमाग बिल्कुल सटीक निर्णय लेता है. जब जानकारी सही होती है, नतीजा भी दोषरहित होता है. जब जानकारी में ही दोष रहता है तो पूरा ही ढाँचा गिर जाता है. असतर्क दिमाग सतर्क दिमाग पर जानकारी के लिए निर्भर हैं, जो एक चौकीदार की तरह उसे गलत निर्णय लेने से रोकता है.

17. जो भी जानकारी इसे मिलती है तुरंत ही असतर्क दिमाग उस क्षेत्र में कार्य शुरू कर देता है. अब यह सतर्क दिमाग की जिम्मेदारी है कि वह जानकारी उचित प्राप्त कराता है कि अनुचित. गलत होने पर संपूर्ण कार्य गलत हो जाता है.

18. चेतन दिमाग इंसान के जागते रहने पर जागता रहता है. अनेक कारणों से चेतन दिमाग कई बार अपनी ड्यूटी पर नहीं होता जैसे सोते हुए आदि, ऐसे में भी अर्ध चेतन दिमाग कार्य करता रहता हैं. इसकी ड्यूटी कभी खत्म नहीं होती. दर्द, गुस्सा या किसी भी समय अनियंत्रित इच्छा का होना या किसी भी खतरनाक परिस्थिति में अर्धचेतन दिमाग का दरवाजा डर, घृणा मतलब परस्ती, लालच,

आत्म सम्मान की कमी आदि नकारात्मक शक्तियों के लिए खुल जाता है. इसका नतीजा बिल्कुल खराब होता है जो व्यक्ति को लंबे समय तक तनाव में रखता है. अत: अर्धचेतन दिमाग को इन झूठी तथा खराब भावनाओं से बचाना चाहिए.

19. यह असतर्क दिमाग अपनी इच्छा से चलता है इसलिए इसका काम शीघ्र आरंभ होता है. यह चेतन दिमाग के धीरे-धीरे तर्क करने का इंतजार नहीं करता.

20. अर्ध चेतन दिमाग कभी न सोता है, न आराम करता है बल्कि यह हमारे दिल से भी अधिक कार्य-सजग रहता है. ऐसा पाया गया है कि अर्ध चेतना में कुछ कार्य सोचने से ही चेतन दिमाग ने वे कार्य पूरे कर दिए और जो नतीजे चाहिए थे, वे प्राप्त हुए. अत: यह ऐसा शक्ति का स्रोत है जो हमें सर्वज्ञ से 'टच' में रखता है. यह बात एक महान शाश्वत सत्य है.

21. इस नियम को लागू करना आसान तथा रोचक है. यह नियम लागू होने पर जैसे कि व्यक्तियों ने पाया कि वे अपना इंटरव्यू आसानी से दे सके, सभी कुछ उनके पक्ष में हो गया, सर्वत्र सहमति हो गई. कुछ ने पाया कि इनकी बिजनेस की परेशानियाँ काफी हद तक सुलझ गई. सभी कुछ ठीक से निपट गया. बल्कि ये भी कह सकते हैं कि जिन्हें इस अचेतन पर विश्वास हो गया उनके पास अपने आप ही असीमित शक्ति का भंडार हो गया.

22. यह असतर्क दिमाग हमारी नियमों तथा इच्छाओं का निर्णायक है. यह हमारे कलात्मक और आदर्शों का आधार है. अपनी अंदरूनी शक्ति को कम आंकने से धीरे-धीरे व्यक्ति अपनी

इस ताकत को खो बैठता है.

23. असतर्क दिमाग तर्क नहीं करता इसलिए अगर इस ने गलत सलाहों को मान लिया है तो इस कमी से उबरने के लिए कोई उससे अधिक ताकतवर सलाह देनी होगी तथा बार-बार दोहरानी होगी जिससे दिमाग उसे स्वीकार ले और धीरे-धीरे जिंदगी तथा विचारों की नई ताजगी उसमें भर जाए क्योंकि यही हमारी वास्तविक आदतों का निर्धारण करता है. जो काम हम बार-बार करते है, उसे कुछ समय बाद बिना जाने भी ठीक प्रकार से करने की आदत बन जाती है. वास्तव में यह असतर्क दिमाग के कारण हो पाता है. अत: अगर सही करेंगें तो हमारे लिए अच्छा ही होगा. गलत कार्य को पहचान कर उसे सही करना भी इस असतर्क दिमाग की कार्यप्रणाली का एक हिस्सा हैं. चूँकि यह असतर्क दिमाग रचनात्मक होता है अत: यह तुरंत ही ठीक कार्य संभव कर पाता है.

24. सार-सामान्यत: अर्ध चेतन दिमाग भौतिक तौर पर शरीर के लगातार तथा महत्वपूर्ण काम करता है, जिससे सेहत और जिंदगी ठीक चले, बच्चों की देखभाल ठीक हो तथा पूरी जिंदगी व्यक्ति उन्नति करे.

25. मानसिक तौर पर यह याददाश्त का भंडार रहा है. यह दिमाग में भेजे गए विचारों को हर समय जाँचता रहता है. यह प्रायोगिक पहल करता है तथा जिंदगी में रचनात्मक ऊर्जा लाता है. इस प्रकार यह इंसानी आदतों का निर्माण करता है.

26. आध्यात्मिक तौर पर, यह आदर्शों, इच्छाओं, कल्पनाओं का स्रोत है. जिससे हम उस सर्वज्ञापी से अपना संबंध जान पाते हैं तथा उसी संबंध के आधार पर अपनी शक्ति को पहचान पाते हैं.

27. अगर कोई यह पूछे कि अर्ध चेतन दिमाग से परिस्थिति में कैसे बदलाव आता है तो इसका जवाब यह है कि यह असतर्क दिमाग उस सर्वव्यापी दिमाग का एक हिस्सा है. अत: यह भी उसी प्रकार का ही है अंतर सिर्फ हिस्सा होने से है. सर्वज्ञापी तो रचनात्मक है, बल्कि वास्तव में सिर्फ वही रचनात्मक है, उसी के कारण हमारा अर्ध चेतन दिमाग एक छोटा रचनात्मक है. और चूंकि हमारे दिमाग का एक मात्र कार्य विचार है तो हमारे विचार भी अपने आप रचनात्मक हो जाते हैं.

28. परंतु साधारण विचार करने तथा विचारों को सकारात्मक, रचनात्मक बनाने इन दोनों बातों में अंतर है. अपने विचारों को सही दिशा में लगाने के लिए हमारे दिमाग को सर्वव्यापी दिमाग से सहयोग में होना होगा तभी हमारी अंदरूनी ताकतें उभरेंगी. ये सर्वव्यापी दिमाग के सहयोग से रचनात्मक शक्तियाँ बनेंगी. यही लॉ ऑफ अट्रेक्शन है अर्थात् दिमाग रचनात्मक होता है तथा स्वयं ही स्वयं को अपनी निर्धारित उद्देश्य से जोड़ लेता है तथा कार्य प्रारंभ कर देता है.

29. पिछले सप्ताह मैंने आपको इस भौतिक शरीर के पूरे नियंत्रण हेतु एक अभ्यास दिया था अगर वह आपने पूरा कर लिया है तो आप आगे बढ़ने को तैयार हैं. अब शरीर के बाद आप संभव हो तो अपने विचारों पर नियंत्रण पाना शुरू करेंगे. सदा वही कमरा, वही कुर्सी तथा वही स्थिति में यह करें. ऐसा न हो पाने पर जो भी उचित परिस्थितियाँ उपलब्ध हो वैसा ही करो. पहले ही तरह शांत हो जाओ, सभी विचारों को रोक दो, अब धीरे-धीरे आपको अपनी सभी चिंताओं और डरों पर नियंत्रण आ जाएगा तथा आप सिर्फ वही

विचारों को सोचोगे जिन्हें आप चाहते हो. इस अभ्यास को तब तक करो जब तक इसमें निपुण न हो जाओ.

30. आरंभ में आप इसे ज्यादा देर तक नहीं कर पाओगे पर यह एक बहुमूल्य अभ्यास हैं क्योंकि इससे आपको अपनी तरफ लगातार अनोवाली विचारों की आँधी की विषय में जानकारी हो जाएगी.

31. अगले सप्ताह आपको एक अन्य रोचक अभ्यास दिया जाएगा. पर उससे पहले इसे पूरी तरह करना जरूरी है.

जेम्स ऐलन के शब्दों में

"विचारों की छुपी दुनिया में कारण तथा परिणाम सदा मौजूद रहते हैं, वैसे ही जैसे दुनिया में भौतिक वस्तुएँ. दिमाग हर विचार का उद्गम है एक तरफ यह व्यक्ति का अंदरूनी लिबास है, दूसरी यह परिस्थितियों का बाहरी लिबास भी है."

▶ अभ्यास प्रश्न उत्तर सहित

11. मानसिक कार्यप्रणाली के दो तरीके क्या हैं ?

चेतना और अर्धचेतना.

12. पारंगतता तथा आरामदायक होना किस पर निर्भर है?

यह पूरी तरह से चेतन दिमाग पर निर्भर है.

13. अचेतन का क्या मूल्य है?

यह विशाल है जो हमें दिशा दिखाता है, चेतावनी देता है यह भौतिक शरीर के महत्वपूर्ण कार्य को नियंत्रित करता है तथा यह हमारी याददाश्त का भंडारगृह है.

14. चेतन दिमाग क्या कार्य करता है?

यह उचित अनुचित निर्धारित करता है इसमें तार्किक क्षमता होती है. यह इच्छाओ को जानकर अर्ध चेतन को निर्देश देता है.

15. चेतन, अर्ध चेतन में अंतर को कैसे समझाओगे?

चेतन दिमाग में तार्किक इच्छाशक्ति है. अर्ध चेतन में अतार्किक इच्छा है, जो पिछली तार्किक इच्छा का परिणाम होती है.

16. अर्ध चेतन को प्रभावित करने का क्या तरीके है?

इच्छित मानसिक शक्तियों को पाना.

17. इसका नतीजा क्या होगा?

अगर महान सर्वव्यापी की गतिविधियों के साथ व्यक्ति की इच्छा का सहयोग हो जाता है तो सभी को अर्ध चेतन शक्तियों के सहयोग से इच्छित नतीजे की प्राप्ति होती है.

18. इस नियम को लागू करने का क्या नतीजा है?

उचित माहौल मिलने पर मौजूदा मानसिक परिस्थितियाँ बदल जाती हैं चाहे वह दिमागी तौर पर कैसी भी हो.

19. इस नियम का नाम क्या है ?

लॉ ऑफ अट्रेक्शन.

20. यह नियम क्या समझाता है?

विचार रचनात्मक होते हैं तथा स्वयं ही स्वयं को अपने इच्छित उद्देश्य से जोड़ लेते हैं तथा कार्य आरंभ करके उचित नतीजो पर पहुँचा देते हैं.

परिचय - भाग तीन

हम जानते हैं कि व्यक्ति सर्वव्यापी के अनुरूप ही कार्य करता है तथा इसी कार्य प्रणाली या आदान प्रदान का नतीजा, कार्यों तथा परिणामों के रूप में सामने आता है. इसलिए विचार कारण हैं तथा जिन अनुभवों से आप जिंदगी में गुजरते हैं वे परिणाम हैं.

इसलिए ऐसी कोई भी संभाविक्र तकलीफदेह परिस्थिति को मिटा देना चाहिए, चाहे वे जैसी हैं, जहाँ हैं. अब यह आप पर है क्योंकि स्वयं आपने अपने लिए वे परिस्थितियाँ पैदा की हैं, तो अब उन्हें जैसा चाहते हैं, वैसा बदल डालिए.

अपनी कोशिशों, मानसिक साधनों का सदुपयोग करो - ये सदा आपके साथ होते हैं. इन्हीं से आप वास्तविक, असीमित शक्तियाँ पा सकते हो.

यह कार्य तब तक चलना चाहिए, जब तक कि आप इस नतीजे पर न पहुँच जाएँ कि अब आपको आगे जिंदगी में, किसी भी उद्देश्य को पूरा करने में असफलता हाथ नहीं आएगी. अपनी शक्ति को समझो तथा उद्देश्य को पाने में जुट जाओ. तुम्हारे दिमाग की ताकतें सदा ही एक उद्देश्यपूर्ण इच्छा की सहायता करने को तैयार रहती हैं स्वयं को जगाकर, अपने विचारों को एक भौतिक शरीर दो, उन्हें निश्चित कार्यो तथा स्थितियों में बदल डालो.

जिंदगी में प्रत्येक कार्य का आरंभ सचेत विचारों से होता है. धीरे-धीरे ये कार्य मशीनी होने लगता है तथा जो विचार इसे नियंत्रित करते हैं वे इसे अचेतन तक ले जाते हैं तथा ये उसका स्वयं ही हिस्सा बन जाता है. अचेतन का यह नया हिस्सा मशीनी तौर पर काम नहीं करता बल्कि आदतन करता है, तब चेतन दिमाग अन्य कार्यों की तरफ चल पड़ता है.

जब आपको यह अहसास होता है, तभी आपको यह भी पता चल जाएगा कि आने वाली जिंदगी में आप किसी प्रकार की परिस्थितियों का सामना करनेवाली शक्तियों को पा सकते हैं.

भाग

तीन

1. चेतन तथा अर्धचेतन दिमाग के आपसी मेलजाल के लिए जरूरी है कि इससे जुड़ी हुई न्सों में भी तालमेल रहे. जज श्री ट्रोवर्ड के अनुसार, 2'सेरेब्रो स्पाइनल प्रक्रिया चेतन दिमाग का कार्यकारी अंग है तथा सहानुभूति अर्धचेतन का कार्यकारी अंग है. वास्तव में भौतिक ज्ञानेन्द्रियों से हमें जो संदेश मिलते हैं वे सेरेब्रो स्पाईनल से ही मिलते हैं और इसी के द्वारा हम शरीर की क्रियाओं को नियंत्रित कर पाते हैं. इन नसों की व्यवस्था का केन्द्र मानव मस्तिष्क है.

2. इंसानी मध्य माग के पीछे नसों के समूह में सोलर लेक्सस नामक स्थान सहानुभूति की प्रक्रिया का केन्द्र है तथा उन मानसिक कार्यों का चैनल है जिनसे स्वयं ही शरीर के आंतरिक कार्य होते रहते हैं.

3. वेगस नामक नसें, दोनों प्रकार की प्रक्रियाओं में संबंध जोड़ती हैं. इन नसां के तार, हृदय तथा फेफड़ों तक जुड़े हैं. अपनी बाहरी कोटिंग को छोड़ते हुए ये नसे हृदय की बाहरी दीवारों से होती हुई सहानुभूति प्रक्रिया की न्सों से जुड़ जाती हैं. इस प्रकार दोनों प्रक्रियाओं को आपस में जोड़ते हुए ये मानव को एक भौतिक रूप देती हैं.

4. हमें पता है, कि दिमाग चेतन का अंग है तथा इसी में विचार पनपते हैं. यह हमारी तार्किक शक्ति का प्रतीक है. जब हमारा तार्किक दिमाग किसी विचार या तथ्य को जान लेता है तो वह उसे सोलर लेक्सस की तरफ भेज देता है, जिस पर कार्य करके दिमाग उसे सच्चाई का जामा पहनाता है. अर्ध चेतन दिमाग बहस नहीं करता सिर्फ कार्य करता है. यह तार्किक दिमाग के नतीजों को ही अंतिम आर्डर मानता है.

5. शरीर में लगातार उत्पन्न होती शक्ति को पूरी शरीर में वितरित करने का कार्य सोलर प्लेक्स (ब्रेन) करता है, यह शक्ति ही वास्तविक शक्ति है, जो भौतिक नसों की द्वारा सारे शरीर में पहुँचती है तथा बाहर भी प्रकट होती है.

6. यदि यह शक्ति प्रकट होकर मजबूत होती है तो इंसान की व्यक्तित्व प्रभावशाली हो जाता है, उसमें भरपूर शक्ति आ जाती है. ऐसा व्यक्ति अगर किसी परेशान व्यक्ति के संपर्क में आता है तो वह उसे भी शांति प्रदान करता है. उसकी उपस्थिति मात्र से ही अशांति समाप्त हो जाती है, सुकून आ जाता है.

7. जब यह सोलर प्लेक्स सचेत होकर कार्य करता है तो पूरी शरीर को ताकत से भर देता है, स्वयं को ही नहीं, अपने आसपास को भी आनंदित करता है. इसकी तरंगें खुशनुमा होती हैं. ये तरंगे अपने साथ-साथ, अपने संपर्क में आनेवाले प्रत्येक शख्स को खुशनूमा अहसास देती है.

8. यदि इन तरंगों में कोई रूकावट आती है तो यह भावनाएँ भी उतनी खुशनूमा नहीं रह पाती तथा शरीर के कुछ भागां की ऊर्जा

शक्ति कम हो जाती है. यही मानव जाति के भौतिक, मानसिक वातावरण तथा पर्यावरण के खराब होने का कारण है.

9. भौतिक, क्योंकि उस मानव के शरीर से पर्याप्त ऊर्जा नहीं निकल रहीह ोती. मानसिक, क्योंकि चेतन दिमाग अपने विचारों के लिए अर्धचेतन पर निर्भर करता है. पर्यावरणीय क्योंकि इसकी कमी से अर्धचेतन तथा सर्वव्यापी के संबंधों में रूकावट आ जाती है.

10. इस प्रकार सोलर प्लेक्स वह बिन्दु है जिसके कारण हिस्सा (मानव), स्वयं को अपने पूरे भाग यानी ईश्वर (सर्वव्यापी) से जोड़ता है. जब सीमाएं समाप्त हो जाती हैं तथा सर्वव्यापी उस व्यक्ति में उजागर हो जाता है तो इस बिन्दु पर पहुँच कर जिंदगी में शक्ति की कोई सीमा नहीं रह जाती.

11. यह शक्ति केन्द्र सर्वशक्तिमान है क्योंकि यह सभी प्रकार की बुद्धि तथा जिंदगी का आधार है' इसलिए यह वह सब कुछ पा सकता है' जो यह पाना चाहता है तथा इसी में चेतन दिमाग की शक्ति छुपी है. चेतन के निर्देशों के अनुसार, अधेचतन सभी, कार्यों को पूरा करता है.

12. सचेत, जागृक विचार हमारे शरीर की ऊर्जा का केन्द्र हैं, जिसमें से सारी शक्ति पूरे शरीर में पहुँचती है. इसी से यह निर्धारित हो जाता है. कि जैसे विचार हमारा दिमाग सोचता है, वही हमारे शक्ति केन्द्र से प्रकट होते हैं इसी से हमारे विचारों का प्रकार, तौर-तरीके भी निर्धारित हो जाते हैं. अंततः इस प्रक्रिया से हमारे ऐच्छिक कार्य तथा अनुभव सामने आते है.

13. अतः यह स्पष्ट है, कि हमें सिर्फ अपने इस ऊर्जा स्त्रोत को प्रकट करना है. इसमें जितनी ऊर्जा होगी, हमारा व्यक्तित्व उतना ही प्रभाव शाली हो जाएगा. उतनी ही शीघ्रता से हम अनैच्छिक स्थितियों को लाभदायक स्थितियों में बदल पाएँगे. अब महत्वपूर्ण प्रश्न यह है, कि इस ऊर्जा को कैसे पैदा किया जाए ?

14. हमारे अच्छे विचार इस सोलर प्लेक्स को बढ़ाते हैं तथा बुरे-बुरे (अशुभ) विचार इसे घटाते हैं. साहसी, शक्तिशाली तथा आशापूर्ण विचार वैसी ही परिस्थितियाँ पैदा करते हैं. इस ऊर्जा स्त्रोत का सबसे बड़ा और एकमात्र दुश्मन है - डर. इसे पूरी तरह नष्ट कर देना चाहिए. इसे अपने दिलो-दिमाग से पूरी तरह निकाल बाहर फेंकना चाहिए जैसे सूर्य की रोशनी में बादल बाधक होते हैं, वैसे ही यह डर व्यक्ति के जीवन में घोर उदासी लाता है.

15. इसी व्यक्तिगत राक्षस के कारण मनुष्य भूत, वर्तमान तथा भविष्य की चिंता में शोकमग्न रहता है. वह स्वयं से, अपने दोस्तों-दुश्मनों, सभी से डरता है. वह हर व्यक्ति, हर परिस्थिति से डरता है. परिस्थितियों का दास बन कर रह जाता है. जब इस भय की दुनिया से बाहर आओगे, तो तुम्हारी ऊर्जा शक्तियाँ प्रकट हो जाएगी, आपको नई शक्ति, जीवन में नई ताजगी महसूस होगी.

16. अब आप देखोगे कि आप एक असीमित ऊर्जा पा चुके हो. जीवन में वास्तविक गंभीर परिस्थिति को अपने विचारों की शक्ति से जीतने पर आप इस शक्ति को स्वयं में समाहित महसूस करेंगे. यह समझ मे आ जाएगा कि आपके डर समाप्त हो चुके हैं तथा आप अपनी जिंदगी के स्वयं मालिक हो गए हैं.

17. हमारा जिंदगी के प्रति नजरिया उन परिस्थितियों को निश्चित करता है जिनसे हमें वास्तविक जिंदगी में दो चार होना है. अगर हम कुछ नहीं चाहते तो कुछ नहीं पाएँगे. ज्यादा चाहेंगे तो ज्यादा पाएँगें. संसार वही तक बुरा लगता है जहाँ तक हम इसके समक्ष स्वयं को कमजोर महसूस करते हैं. जो व्यक्ति अपने विचारों को प्रकट नहीं कर पाते हैं, उन्ही के लिए यह दुनिया कडवी है. यही आलोचनाओं का डर मानव के वास्तविक विचारों को आगे नहीं आने देता.

18. जिस व्यक्ति को अपने ऊर्जा-स्त्रोत का आभास हो जाता है, उसके डर तथा शंकाएँ स्वयं ही समाप्त हो जाते हैं बल्कि वह स्वाभिमान, साहस और शक्ति की भावनाओं से ओत-प्रोत हो जाता है. वह अपने मानसिक व्यवहार से अपनी सफलता निश्चित कर लेता है. सभी बाधाओं को हटाते हुए, शक-रूकावट-घबराहट को जीतकर जीवन में विजय हासिल करता है.

19. अपनी इस ऊर्जा के प्रति सचेतता से हम सेहत शक्ति, आपसी सहयोग पा सकते हैं तथा हमें यह भी समझ आ जाता है, कि चूंकि हम उस सर्वव्यापी की असीमित शक्ति से ओत-प्रोत हैं तो हमें किसी का भी डर नहीं होना चाहिए.

20. उपरोक्त तथ्य का पता चलने पर जब उसका प्रयोग करते हैं तो हमें सत्य की जानकारी हो जाती है. व्यक्ति कार्य करके ही सीखता है. उदाहरण के तौर पर एक धावक अधिक अभ्यास से अधिक अच्छा कर पाता है.

21. चूंकि यह तथ्य अधिक महत्वपूर्ण है, अतः इससे पूरा

लाभ उठाने के लिए हमें इसे पूरी तरह समझना होगा. अगर आप धार्मिक प्रवृति के है तो आप अपनी आभा को प्रकट होने दें अगर भौतिक विज्ञान में रूचि है तो ऊर्जा स्रोत को जगाओ और यदि बिल्कुल वैज्ञानिक तथ्य चाहते हो तो अपने अर्ध चेतन दिमाग पर जोर डालो.

22. अब चूंकि आप वह तरीका जानना चाहेंगे, तो जान लीजिए कि अर्धचेतन बुद्धिमान रचनात्मक तथा चेतन का इच्छा को सम्मान देने वाला है. तब अपने इच्छित उद्देश्य को पाने हेतु सबसे प्राकृतिक तरीका क्या हो सकता है ? अपने उद्देश्य पर ध्यान केंद्रित करो, जब आप ऐसा करते हो, तो उस समय आप अर्धचतन पर जोर डालते हो.

23. न केवल यह सबसे आसान एवं प्रभावी तरीका है यह एक सीधा तरीका भी है. जिससे अंततः सबसे अच्छे नतीजे मिलेंगे. बल्कि यूँ कहें कि वे नतीजे जादू की तरह होंगे.

24. इसी तरीके से, प्रत्येक महान अविष्कारक और राजनीतिज्ञ, अपने कमजोर विचारों को वास्तविक तथा मजबूत धरातल प्रदान करते हैं.

25. अर्धचेतन सर्वव्यापी का अंग है जो स्वयं में ब्रह्मांड का कर्ता–धर्ता है अतः उसका हिस्सा होने के कारण अर्धचेतन में भी वही गुण मौजूद है जैसे कि सर्वव्यापी में हैं. इसका अर्थ यह भी है कि यह क्रियात्मक शक्ति बिल्कुल असीमित है इस पर किसी प्रकार का कोई बंधन नहीं है. नतीजन इसे चलाने का कोई पिछला तरीका भी नहीं है.

26. हमें पता है कि अर्धचेतन हमारी चेतन इच्छा को जवाबदेह है. इसका अर्थ यह भी है कि व्यक्ति का चेतन दिमाग कुछ हदतक सर्वव्यापी की असीमित क्रियात्मक शक्ति को भी नियंत्रित कर सकता है.

27. इस नियम को वास्तविक तौर पर लागू करते हुए यह ध्यान में रखना जरूरी है कि अपने इच्छित नतीजे पाने के लिए अर्ध चेतन कोई भी तरीके अपना सकता है. आपको सिर्फ उससे उद्देश्य की इच्छा करनी है, तरीका वह स्वयं सोचेगा.

28. आपके द्वारा ही गल्त कार्य को सही होना है और यह पूरा तभी होगा जब इसे अपने इच्छित नतीजों की दिशा में पूरा करना चाहोगे सर्वव्यापी व्यक्ति के माध्यम से ही कार्य करता है तथा वाइस वरसा, वे वास्तव में एक है. अत: यह पूरे होकर ही रहेंगे.

29. इस सप्ताह के अभ्यास हेतु न केवल आपको बिल्कुल शांत रहना है साथ-साथ रिलेक्स करना है, सारी अंग शिथिल करो, अपने दिमाग से सभी दबाव हटा दो, वे सभी तनाव हटा दो, जिनसे अक्सर भौतिक थकान होती है..

30. शारीरिक सहजता एक इच्छित अभ्यास हैं जो शरीर में, दिमाग तक रक्त प्रवाह को नियमित करता है, इसलिए यह अत्यंत महत्वपूर्ण है.

31. तनाव मानसिक अशांति तथा असामान्य मानसिक गतिविधियों को जन्म देता है. इससे चिंता, डर पैदा होते हैं. अत: शांत होना बिल्कुल जरूरी है जिससे अभ्यास के नतीजे बेहतर हों.

32. इस अभ्यास को पूरा करने की कोशिश करो. बिल्कुल तन और मन के शांत होने तक मानसिक तौर पर जोर लगाओ. धीरे-धीरे आप स्वयं को तनाव मुक्त महसूस करोगे.

33. अब ऊर्जा स्रोत कार्य करने को तैयार है और आप स्वयं इसके नतीजे देखकर हैरान हो जाऐंगे.

▶ अभ्यास प्रश्न उत्तर सहित

21. चेतन दिमाग का कार्यकारी अंग क्या है ?

सेरेब्रो स्पाइनल.

22. अर्धचेतन दिमाग का कार्यकारी अंग क्या है?

सहानुभूतिपूर्ण होना.

23. शरीर द्वारा लगातार उत्पन्न की जाने वाली शक्ति को बाँटने वाला केंद्र क्या है?

ऊर्जा स्रोत (सोलर प्लेस).

24. यह वितरण कैसे रूक जाता है?

आलोचना, रूकावट, अनियंत्रित, अशांत, विचारों से विशेषत: डर.

25. इस रूकावट का क्या नतीजा होता है?

संसार में फैली हर प्रकार की बुराई.

26. इस शक्ति को कैसे नियंत्रित एवं निर्देशित करें?

चेतन विचारों द्वारा.

27. डर को कैसे मिटाएँ?

शक्ति के सही स्रोत को पहचान एवं समझकर.

28. हमारी जिंदगी की परिस्थितियाँ कैसे निर्धारित होती हैं?

हमारे पूर्वप्रधान मानसिक व्यवहार द्वारा.

29. हम ऊर्जा स्रोत को कैसे जगाएँ?

इच्छित नतीजे को अपने जिंदगी में पाने के लिए उसपर मानसिक ध्यान लगाएँ.

30. विश्व का क्रियात्मक नियम क्या है?

सर्वव्यापी दिमाग.

परिचय – भाग चार

अब यहाँ से भाग (4) आरंभ हो रहा है इस भाग से आपको यह पता चलेगा कि जो भी आप सोचते हैं, करते हैं या महसूस करते हैं, ये सभी तथ्य आपके व्यक्तित्व की ओर इशारा करते हैं.

विचार ही ऊर्जा हैं तथा ऊर्जा ही शक्ति है विश्व के सभी धर्मों, विज्ञानों तथा विचार धाराओं में यह सार निहित है कि संपूर्ण विश्व इसी ऊर्जा में समाहित है न कि स्वयं ऊर्जावान् है. यूँ कहे तो यह विश्व सिर्फ परिणाम से संबंधित है. कारण या तो ध्यान नहीं दिए गए हैं या समझे नहीं गए हैं.

इसी कारण धार्मिक बातों में भगवान और शैतान, विज्ञान में सकारात्मक और नकारात्मक तथा दर्शनशास्त्र में अच्छे-बुरे, दोनों प्रकार के उदाहरण उपलब्ध होते हैं.

हमारी मास्टर चाबी इन प्रक्रियाओं को उलट देती है. यह सिर्फ कारण में रुचि लेती है. इस विषय में हमारे विद्यार्थी एक अचंभेजनक कहानी बताते हैं. उनके अनुसार, उन्होंने वे कारण ढूँढ लिए हैं जिनसे उन्हें अच्छी सेहत सहभागिता, प्रचुरता या जो भी उनकी खुशी और कल्याण के लिए जरूरी है सभी कुछ मिल जाता है.

जिंदगी स्वयं में एक भावना है. यह हमारा फर्ज बनता है कि हम स्वयं को रचनात्मक तौर पर व्यक्त करें. दुख-गरीबी-बीमारियाँ तथा गरीबी ये सभी मानव जरूरतें नहीं हैं अतः इन्हें लगातार समाप्त करते रहना चाहिए. पर यह तभी हो सकता है, जब हम हर प्रकार की सीमओं से ऊपर उठ जाएँ. जिस शख्स ने अपने विचारों को मजबूत तथा शुद्ध कर लिया है, उसे छोटी-छोटी मुसीबतों से घबराने की जरूरत नहीं है फिर जिसने भी प्रचुरता का नियम

समझ लिया है उसे कहीं और जाने की जरूरत नहीं है.

अत: भाग्य, सौभाग्य-दुर्भाग्य, उसी प्रकार नियंत्रित किए जा सकते हैं जैसे एक कप्तान अपना जहाज नियंत्रित करता है या इंजीनियर अपनी रेल को.

भाग

चार

1. व्यक्ति का भौतिक शरीर उसकी वास्तविक पहचान नहीं है. यह सिर्फ एक साधन है, जिसके द्वारा 'मैं' के जीवन का उद्देश्य पूरा होता है. इसलिए मैं दिमाग न होकर, अपने सोचने-समझने के कार्यों को, दिमाग रूपी अंग की मदद से संचालन करने वाला तत्व है.

2. 'मैं' वह साधन है, जो शरीर तथा दिमाग, दोनों को नियंत्रित तथा निर्देशित करता है. जो यह निर्धारित करता है, कि शरीर और दिमाग को क्या, कैसे करना है. जब आपको इस 'मैं' की वास्तविकता का पता चलता है, तो आपको स्वयं में एक अन्जानी, नई शक्ति का अहसास हो जाता है.

3. आपके सोचने के पिछले तरीकों पर आपका व्यक्तित्व निर्भर करता है. इसे बनाने में, अनगिनत व्यक्तिगत आदतें शामिल हैं, पर इन सभी का वास्तविक 'मैं' से कोई सरोकार नहीं है.

4. जब आप सोचते हैं तो उस समय 'मैं' दिमाग को बताता है, कि उसे क्या सोचना है ? जब आप कहते हैं 'मुझे जाना है' तो 'मैं' भौतिक शरीर को जाने के लिए निर्देशित करता है. वास्तव में यह 'मैं' आध्यात्मिक है. जब स्त्री-पुरुषों को इसकी वास्तविक

प्रकृति का पता चलता है तो वे शक्ति के इस असली स्रोत को पहचान जाते हैं.

5. 'मैं' से ही मानव को अचंभित करने वाली, महान सबसे बड़ी शक्ति मिली है जो है उसकी सोचने की शक्ति. पर कुछ ही लोग रचनात्मक तौर पर सोचना जानते हैं या यूँ कहिए कि सही सोच न होने के कारण नतीजे भी सही नहीं मिल पाते ज्यादातर व्यक्ति अपने विचारों को स्वार्थगत् उद्देश्यों के लिए इस्तेमाल करते हैं, जिसका नतीजा एक बचकाना दिमागा के रूप में सामने आता है. ऐसा दिमाग जिसे सही-गलत की पहचान नहीं है. यही दिमाग जब परिपक्व हो जाता है तो यह समझ जाता है कि व्यक्ति की हार का कारण उसके स्वार्थी विचार हैं.

6. एक प्रशिक्षित दिमाग जानता है कि प्रत्येक आदान-प्रदान की प्रक्रिया में, उससे जुड़े हुए लोगों को लाभ होना ही चाहिए. इसी तरह, कमजोरी, अज्ञानता आदि चारित्रिक कमियाँ व्यक्ति को हानि पहुँचाती हैं.

7. अब चूंकि व्यक्ति सर्वव्यापी का अंग है, तो यह अंग स्वयं को अन्य अंगों से अलग मानकर नहीं चल सकता बल्कि हर अंग का लाभ बाकी पूरे हिस्से के लाभ के साथ जुड़ा है.

8. इस तथ्य को समझनेवाला व्यक्ति, रोजमर्रा की सामान्य जिंदगी में भी लाभ की स्थिति में रहता है. वह स्वयं को समाप्त नहीं करता बल्कि उसके दिमाग से नकारात्मक, भगौड़े विचारों को निकाल देता है. तभी वह किसी भी विषय पर अधिकतम ध्यान केन्द्रित कर पाता है. वे ऐसी वस्तुओं पर समय/पैसा नहीं खराब

करते, जो उनके किसी काम की नहीं है.

9. अगर आप ऐसा नहीं कर पा रहे हैं तो इसका अभिप्राय यह है कि अभी तक आपने इस के लिए जरूरी कोशिश नहीं की. पर अब समय आ गया है कोशिशें करने का. जैसी कोशिशें की जाएँगी, वैसा ही नतीजा सामने आएगा. आप अपनी किस्मत के मालिक स्वयं हैं. यह अहसास आपको सदा ताकत देगा तथा आपकी शक्ति बढ़ाएगा.

10. अपने अंदर मौजूद 'मैं' की शक्ति को पहचानो, गहन ध्यान केन्द्रित करके इसकी सही प्रकृति समझो, ध्यान बस इतना रखना है, कि आपका उद्देश्य रचनात्मक हो तथा सर्वव्यापी की रचनात्मकता से मेल खाए.

11. सुबह-शाम, दिन-रात जितनी बार भी ध्यान करें, इस बात को अपने दिमाग में मजबूत कर लें. ऐसा तब तक करो कि यह आपकी आदत बन जाए.

12. जब तक आप ऐसा नहीं कर पाते हो, तब तक आपको यह कार्य शुरू नहीं करना चाहिए क्योंकि अगर हम कोई कार्य शुरू करके पूरा नहीं करते या कोई नियम बनाकर उसे लागू नहीं कर पाते तो हम स्वयं में फेल होने की आदत डाल लेते हैं जो बहुत शर्मनाक है. अगर आप पूरी तरह से इसे करने के लिए तैयार नहीं है तो आरंभ मत करो और अगर आरंभ किया है तो चाहे आसमान नीचे आ जाए, पूरा कर के ही मानो.

13. अगर किसी कार्य को करने का मन बना लिया है, तो उसकी राह में कोई बाधा मत आने दो, अगर 'मैं' ने किसी बात का

निश्चय किया है तो फिर उस बात में तर्क करने की कोई गुंजाइश नहीं होती.

14. अब इस विचार को आगे बढ़ाने हेतु पहले छोटे-छोटे कार्यों को करो, जिन्हें आप नियंत्रित कर सकते हो, धीरे-धीरे अपनी कोशिशों को आगे बढ़ाते हुए कार्य को आगे बढ़ाओ, पर किसी भी स्थिति में अपनी 'मैं' पर हावी न हो, तो आखिरकार आप को स्वयं पर नियंत्रण करना आ जाएगा.

15. ऐसा संभव होने पर आपको अपनी अंदरूनी दुनिया भी मिल जाएगी जो बाहरी दुनिया को नियंत्रित करती है तब आप अपनी परिस्थितियों को अपने अनुकूल पाते जाओगे.

16. इसमें कुछ भी अजीब या असंभव नहीं है, क्योंकि ध्यान रखिए, अंदरूनी दुनिया 'मैं' से नियंत्रित है तथा 'मैं' उस सर्वत्र विद्यमान् ऊर्जा (भगवान) का ही एक अंग है जिसे सभी धार्मिक तथा वैज्ञानिक विचारधाराओं ने माना है.

17. हरबर्ट स्पैंसर के शब्दों में, 'हमारे आस-पास के सभी रहस्यों में से केवल एक बात सत्य तथा प्रमाणित है कि मानव मात्र का जीवन तथा अन्य परिस्थितियाँ उस शाश्वत असीमित ऊर्जा की उपस्थिति से ही संभव हुआ है.

18. लेमन ऐबट, "ईश्वर मानव को बाहर से काबू करने के स्थान पर, मानव मात्र के अंदर विद्यमान शक्ति पुंज है."

19. विज्ञान ने इस तथ्य की खोज कुछ हद तक की है. वैज्ञानिकों ने शाश्वत ऊर्जा को माना है पर धर्म इस ऊर्जा के पीछे छिपे शक्ति स्रोत तथा मानव में उसकी उपस्थिति की बात कहता

है. पर यह कोई नई खोज नहीं है. बाईबिल में भी सीधे शब्दों में यही कहा गया है. ‘‘साक्षात प्रभु का घर, स्वयं आप में ही विद्यमान है.’’ यहाँ, ये सभी बातें अंदरूनी दुनिया की हैरत अंगेज शक्ति के रहस्य को बताती हैं.

20. अब इस शक्ति का रहस्य जानिए, इसमें कैसे पारंगत हुआ जाए. आपको कुछ भी छोड़ना नहीं है. जब तक हमें कुछ मिलेगा नहीं, हम ये कैसे सकते हैं ? स्वयं मजबूत हुए बिना सहायता कैसे कर सकते हो ? जब असीमित स्वयं में कंगाल नहीं है, तो, हम, जो संसार में उसका अंश हैं, वे कंगाल कैसे हो सकते हैं ? अगर हम किसी के काम आ सकें तो इसके लिए पहल हममें अधिक शक्ति होनी चाहिए. जितनी शक्ति सेवा करने में लगेगी, उतनी ही हमें स्वयं शक्ति और मिलती जाएगी.

21. हम उस सर्वशक्तिशाली की गतिविधियों का एक साधन है जो लगातार स्वयं को उजागर करता है. इस कार्य के लिए सदा अधिकाधिक उग्र तरीकों की जरुरत रहती है जिससे मानवता की ज्यादा से ज्यादा सेवा की जा सके.

22. जब तक आप अपनी योजनाओं में व्यस्त रहेंगे, ईश्वर का आप से संपर्क नहीं हो पाएगा. इसलिए ज्ञानेन्द्रियों के स्थान पर अंदरूनी क्रियाओं पर ध्यान लगाओ. मन की आँखों से देखो, मन के कानों से सुनो. सर्वशक्तिमान के साथ अपने जुड़ाव के प्रति ध्यान केन्द्रित करो. सर्वविद्यमान की शक्ति से, आपको स्वयं ही अनगिनत मौके मिलते चले जाएँगें.

23. आने वाली घटनाओं, परिस्थितियों को इस आध्यात्मिकता

की शक्ति से, समझा तथा सुलझाया जा सकता है. बस इस तथ्य को समझिए कि सभी वस्तुओं का सार आध्यात्म है जो कि सत्य है. इसी में जीवन के होने का कारण छुपा है. जब यह कारण समाप्त हो जाता है, जीवन भी समाप्त हो जाता है.

24. ये सभी मानसिक अभ्यास अंदरूनी दुनिया से संबंधित हैं. ये वे कारण हैं, जिनका प्रभाव है-आपके पास पैदा हुई परिस्थितियाँ. इस प्रकार आप अपनी स्थितियों को बनाने वाले स्वयं हो जाते हो. जितना अधिक महान, उद्देश्यपूर्ण विचार लेकर कार्य करोगे, उतना ही यह कार्य महत्वपूर्ण होता जाएगा.

25. आवश्यकता से अधिक कार्य, अधिक खेल या अधिक शारीरिक क्रियाएँ, चाहे वे किसी भी प्रकार की क्यों न हों, मानसिक शिथिलता लाती हैं. इससे व्यक्ति अधिक महत्वपूर्ण कार्यों की तरफ ध्यान नहीं दे पाता है, जिस का नतीजा जागृक शक्ति के रूप में सामने आता है. अतः हमें अधिकाधिक शांत रहना चाहिए. शक्ति शांत रहने से आती है. शांत रहकर ही हम स्थिर हो जाते हैं, तभी हम उचित प्रकार से सोच सकते हैं, तथा यही विचार ही जीवन में उद्देश्य प्राप्ति का कारण हैं.

26. विचार ही क्रिया का तरीका हैं. प्रकाश तथा बिजली की तरह ये भी आकंपन के नियम से चलते हैं. प्यार करने के नियम से भावनाएँ उत्पन्न होती हैं, जिनसे विचारों को बल मिलता है. वृद्धि के नियम से ये विचार बढ़ते तता आकार लेते हैं. चूंकि ये आध्यात्मिक 'मैं' से निकले हैं, अतः ये भी आध्यात्मिक, रचनात्मक तथा पवित्र होते हैं.

27. इस बात से स्पष्ट होता है, कि शक्ति प्रचुरता या जीवन का कोई अन्य रचनात्मक उद्देश्य पूरा करने हेतु भावनाओं से ही विचारों का जन्म होता है, बस हमें स्वयं पर यकीन होना चाहिए. अब प्रश्न है, कि इस उद्देश्य की पूर्ति कैसे की जाए जिससे हममें विश्वास, साहस जैसे गुण आएँ, जो हमारी उद्देश्य-पूर्ति में सहायक हों ?

28. उत्तर है - अभ्यास द्वारा. बिल्कुल वैसे ही जैसे शारीरिक शक्ति अभ्यास के द्वारा अर्जित की जाती है. पहली बार किसी विषय पर सोचने में अधिक कठिनाई आती है, पर जब उसी बात को पुनः सोचा जाए तो वह पहले से आसान लगती है तथा धीरे-धीरे यह एक मानसिक आदत बन जाती है. अगर हम लगातार यही बात सोचें तो यह कार्य स्वतः, मशीनी तौर पर होने लगेगा. इस के लिए किसी प्रकार के अभ्यास की जरूरत नहीं होगी. इसका बार-बार अभ्यास शकको समाप्त कर देगा. फिर हम उसके विषय में निश्चित हो जाएँगें.

29. पिछले सप्ताह मैंने आपको शारीरिक शिथिलता के लिए कहा था. इस सप्ताह आप मानसिक शिथिलता पर ध्यान देगें. जब आप पिछली अभ्यास क्रिया को प्रतिदिन 15-20 मिनट, दिए गए निर्देशोंनुसार करेगें, तब आप बिना किसी शक के शारीरिक शांति पा सकेंगे. जागृक होते हुए, शीघ्र तथा पूरी तरह, ऐसा न कर पाने पर उस व्यक्ति का स्वयं पर पूरा नियंत्रण नहीं हो पाता है. उसे पूरी आजादी नहीं मिलती है, वह अभी भी परिस्थितियों का ही दास होता है. पर मैं आपको आश्वस्त करता हूँ कि आप ने अगर इसे पूरी तरह सीख लिया है तो आप मानसिक आजादी की ओर बढ़ने

के लिए तैयार हैं.

30. इस सप्ताह, अपना वही स्थान लेते हुए, पूरी तरह शांत रहें, सभी तनाव हटा दें सभी विपरीत स्थितियों को मानसिक तौर पर छोड़ दें जैसे कि घृणा, गुस्सा, चिंता, ईर्ष्या, दु:ख परेशानी, हताशा आदि.

31. हो सकता है, कि ये इतनी आसानी से न हटें. ऐसा करने के लिए, मानसिक तौर पर पूरा निश्चय करें, तब अपनी इच्छा तथा पुन: अभ्यास से आप ऐसा कर पाएँगे.

32. कुछ व्यक्तियों के ऐसा न कर पाने का कारण यह होता है, कि वे स्वयं को भावनाओं के अनुसार बहने देते हैं, बुद्धि से नहीं चलते. पर जो बुद्धि से कार्य करेगें, वे अवश्य ही जीतेंगे. सफलता पहली बार में नहीं मिलती. आपको सभी नकारात्मक तथा खतरनाक विचारों को पूरी तरह हटाने में सफलता पानी है. ये ही वे बीज हैं, जिनके कारण हर प्रकार की अप्रिय परिस्थितियाँ फलती-फूलती हैं.

विलमन्स,

''व्यक्ति के अंदरूनी विचार ही उसे बाहरी दुनिया से जोड़ते हैं, इससे बड़ा सत्य कोई नहीं है.'' इस नियम से कोई भी नहीं बच सकता. इस नियम के अनुसार, अनंतकाल से लोग ईश्वर की विशेष कृपा में यकीन रखते आए हैं तथा इसी विचार के कारण वे अपने उद्देश्य से जुड़ते हैं.

▶ अभ्यास प्रश्न उत्तर सहित

31. विचार क्या है ?

आध्यात्मिक ऊर्जा ही विचार है.

32. ये कैसे आते हैं?

आकंपन के नियम द्वारा.

33. इन्हें महत्वपूर्ण कैसे बनाया जाए ?

मानव-मात्र से प्यार करके.

34. यह भौतिक रूप कैसे लेते हैं?

वृद्धि के नियम द्वारा.

35. इनकी रचनात्मक शक्ति का क्या रहस्य है?

कि यह एक आध्यात्मिक क्रिया है.

36. हम स्वयं में विश्वास, साहस तथा उत्साह कैसे लाएँ, जिससे उद्देश्यपूर्ति हो?

अपनी आध्यात्मिक प्रकृति को पहचानकर.

37. शक्ति का रहस्य क्या है?

सेवा करना.

38. पर ऐसा क्यों है?

क्योंकि हम जो देते हैं, वही हम पाते हैं.

39. शांति क्या है?

एक शारीरिक स्थिरता.

40. इसका मूल्य क्या है?

यह आत्म-नियंत्रण का पहला कदम है.

परिचय - भाग पाँच

इसे ध्यानपूर्वक पढ़ने के बाद आप जान जाएँगे, कि व्यक्ति की दिमागी क्रियाओं से प्रत्येक विचार संभव है. क्रियात्मक दिमाग ही श्रेष्ठ विचार उत्पन्न करता है.

आज मनुष्य ऐसे विचार उत्पन्न कर रहा है जैसे कि पहले कभी नहीं हुए. अतः यह एक रचनात्मक युग है जिसमें विश्व अपने विचारकों को सबसे कीमती इनाम प्रदान कर रहा है.

दिमाग शक्ति का स्रोत है, यह तत्वों को आकार देताहै, उसकी निर्जीव प्रकृति को खत्म कर देता है. पहले से सोचे समझे विचारों को भौतिक आकार दिमाग ही देताा है.

यह कार्य किसी जादू से नहीं होता. यह प्राकृतिक नियमों से होता है जिससे प्राकृतिक ऊर्जा पैदा होती है तथा यह ऊर्जा फिर आपके कार्यों में प्रकट होती है. इसी के परिणामतः आप अपने दोस्तों, रिश्तेदारों से व्यवहार करते हैं और अंततः संपूर्ण वातावरण से भी उचित आदान-प्रदान करते हैं.

आप रचनात्मक विचारों को जन्म देकर अपनी इच्छित परिस्थितियों का निर्माण कर सकते हैं.

भाग

पाँच

1. हमारी 90% मानसिक जिंदगी अर्धचेतन है, अत: जो इस मानसिक शक्ति का पूरा इस्तेमाल नहीं करते हैं. वे अत्यंत सीमित शक्ति के दायरे में जीवन गुजारते हैं.

2. अर्धचेतन हमारी हर समस्या को हल कर सकता है तथा करेगा. बस हमें इसे निर्देशित करना आना चाहिए. अर्धचेतन की प्रक्रियाएँ सदा चलती रहती हैं. अब प्रश्न मात्र यह रह जाता है कि क्या हमें इन प्रक्रियाओं को निर्जींव रहकर संचालन करना है या सचेत होकर इन्हें निर्देश देना है ? क्या हमारे पास एक मंजिल तक पहुँचने की दूर दृष्टि है, खतरों से स्वयं को बचाने की समझ है या फिर जिंदगी में यूँ ही घिसटते रहें.

3. हमें पता है, कि मस्तिष्क शरीर के प्रत्येक भाग पर नजर रखता है तथा यह दिमाग के अधिक प्रभावी हिस्सों के द्वारा निर्देशित तथा प्रभावित होने की क्षमता रखता है.

4. मस्तिष्क, मोटे तौर पर, वंशानुगत कारणों से यह कार्य करता है. यह वंशानुगतता, हर परिस्थितियों में, हर पिछली पीढ़ियों के जीवन के प्रति जिम्मेदारी भरे नजरिए से बनती है ? इस विचार के समझ आने पर, हम स्वयं को मिले हुए अधिकारों का प्रयोग करना सीख लेते हैं तथा कभी भी अवांछित परिस्थितियाँ होनेपर

इसका उपयोग करते हैं.

5. हम जागृक हो कर उन सभी विशेषताओं का उपयोग करते हैं जो हमें ईश्वर-प्रदत्त हैं तथा अवांछित स्थितियों को दबा देते हैं.

6. पुनः मस्तिष्क न केवल वंशानुगत आदतों से निर्मित है बल्कि घर-व्यापार, सामाजिक वातावरण के अनगिनत विचारों तथा भावनात्मक तथ्यों से निर्मित है. इनमें से अधिकांश दूसरों से लिए गए हैं - विचारों, सलाहों क नतीजा हैं. इसमें से अधिकतर हमारी अपनी सोच का नतीजा है, पर ये सभी बिना विचारे, बिना परखे मान लिए गए हैं.

7. यह विचार काफी हद तक सही लगता है कि चेतन दिमाग विचारों को ग्रहण करके, अर्ध-चेतन को दे देता है, जहाँ इसे सहानुभूति प्रक्रिया ले लेती है तथा फिर ये हमारे शरीर का एक हिस्सा बन जाता है अर्थात् शब्दों को आकार मिल जाता है.

8. इसी तरीके से हम स्वयं को बना तथा पुनः बना रहे हैं. आज हम जो भी हैं वह हमारे पिछले विचारों का परिणाम है. और आगे जो होगें, वह वर्तमान के विचारों पर निर्भर हैं. आकर्षण के नियम के अनुसार हमारे पास वे चीजें नहीं आ रही हैं, जो हमें पसंद है, जिनकी हमें इच्छा है या जो दूसरों के पास है - बल्कि 'हमारी अपनी' ही घूम फिर कर वापिस आ रही हैं. ऐसी चीजें जो हमने अपने विचारों से बुनी हैं, चाहे चेतन होकर या अचेतन होकर. दुर्भाग्य से, हम में से अनेक ये चीजे अचेतन रूप से बना रहे हैं.

9. अगर हम में से कोई घर बना रहा है, तो कितनी सावधानी से उसकी योजना बनाएगा, एक-एक बात पर सूक्ष्मता से ध्यान

देगा! सारा सामान जाँचकर, सबसे अच्छा सामान लाएगा पर जब अपने मानसिक घरौंदे की बात आती है तो व्यक्ति कितना लापरवाह हो जाता है. जब कि यह हमारे भौतिक घरसे कहीं ज्यादा महत्वपूर्ण है. संभवत: हमारी जिंदगी में जो भी कुछ होता है, यह सभी कुछ उस सामान की गुणवत्ता पर निर्भर है जो हम अपना मानसिक घर बनाने में लगाते हैं.

10. उस सामान की गुणवत्ता क्या है ? हम देख चुके हैं कि यह हमारे पिछले प्रभावों का नतीजा है, जिसे हमने दिमागी तौर पर स्टोर किया हुआ था. अगर ये प्रभाव डर, चिंता, सावधानी के हैं, नकारात्मक, शक से पूर्ण हैं, तो जो सपने हम बुन रहे हैं, वे भी नकारात्मक होंगे. इनका स्वयं में कुछ महत्व नहीं होगा. वे सड़े हुए, फंफूद लगे हुए होगें तथा आपको सिर्फ पहले से अधिक सावधानी तथा चिंता पूर्ण बनाएँगें. हम सदा इन्हें ठीक करने में लगे रहेगें. इन्हें ही शांत करने में हमारा ज्यादा समय व्यतीत होगा.

11. पर अगर हमने मात्र साहसपूर्ण विचार स्टोर किए हैं, अगर हम आशावादी तथा सकारात्मक हैं, हर प्रकार के नकारात्मक विचारों को तुरंत कूड़े में फेंकने वाले हो, नकारात्मक बातों से कोई सरोकार न रखने वाले हों, उनके साथ किसी भी प्रकार का कोई संबंध न जोड़े, तब क्या परिणाम होगा? हमारा मानसिक सामान सर्वोत्तम है. इससे अब हम किसी भी प्रकार का नतीजा पा सकते हैं. चूंकि हम जानते हैं कि हमारे पास कुछ छुपाने को नहीं है, इसलिए भविष्य की कोई चिंता नहीं, कोई डर नहीं है.

12. यह मनोवैज्ञानिक तथ्य है. इन विचारों की प्रक्रियाओं में कोई अंदाजे का काम नहीं है. इसमें कोई रहस्य नहीं है, वास्तव

में ये इतने सरल हैं कि प्रत्येक इन्हें समझ सकता है. बस एक ही कार्य करना है मानसिक साजो-सामान की सफाई. यह कार्य प्रतिदिन करना होगा. मानस्कि, भौतिक, शारीरिक सभी प्रकार की स्वच्छताएँ आपस में जुड़ी हैं, तभी हमारा संपूर्ण विकास संभव है.

13. जब मानसिक घर की सफाई पूरी हो जाती है, तब उस में सिर्फ वही सामान बचते हैं जो व्यक्ति के जीवन के किसी भी उद्देश्यपूर्ति के लिए, आदर्शों को बनाने में सहायक सिद्ध होते हैं.

14. विश्व में सर्वत्र मौके बिखरे पड़े हैं. एक बहुत बड़ी, भव्य इस्टेट अपने मालिक का इंतजार कर रही है. इसका लंबा-चौड़ा मैदान, भरपूर फसलें, बहता पानी, सुंदर पेड़-पौधे जहाँ तक नजर देख सकती है, वहाँ तक फैले हैं. एक बहुत बड़ा मकान है, बहुत खुला और खुशनुमा, इसमें अमूल्य चित्र लगे हैं, एक बहुत ही अच्छी लाइब्रेरी है, कीमती झाड़-फानूस हैं तथा सभी प्रकार की सुख-सुविधाएँ मौजूद हैं. इनके वारिस को सिर्फ इन पर अपना हक हासिल करके, इस प्रापर्टी को इस्तेमाल करना है. उसे ऐसा करना ही होगा, वरना यह बेकार हो जाएगी, क्योंकि इसका सही उपयोग करने की शर्त पर ही यह आपको मिली है. इसका ध्यान न रखने का अर्थ है इस पर अधिकार खत्म करना.

15. मस्तिष्क तथा आत्मा के अधिकार क्षेत्र में, शक्ति का प्रयोग करके, आप इस सारी इस्टेट पर अधिकार पा सकते हैं. तो आपका यह फर्ज बनता है कि आप इस विरासत को संभालिए तथा इसका इस्तेमाल करो. स्थितियों पर काबू पाना भी इसी का परिणाम है. सेहत, परस्पर सहयोग तथा वैभव इसकी बैंलेस शीट के लाभकारी तत्व हैं. यह आपको शांति तथा पवित्रता प्रदान करेगा तथा इसकी कीमत सिर्फ इसे समझने की मेहनत तथा ससके

संसाधनों को स्वयं के लिए इस्तेमाल करना है. इसमें किसी बलिदान की जरूरत नहीं हैं, सिर्फ अपनी सीमितताओं को समाप्त करना है. अपनी कमियों के दास मत बनो, उन पर विजय पाओ. यह आपको स्वाभिमान की भावना से सुसज्जित करेगा तथा आपके हाथों में इस सत्ता की बागडोर दे देगा.

16. इस इस्टेट को पाने के लिए तीन प्रक्रियाएँ करनी जरूरी हैं - आपमें इसे पाने की वास्तविक इच्छा होनी चाहिए. आपको इस पर अपना दावा सिद्ध करना है तथा आपको इसका कब्जा लेना है.

17. अब आप यह मान जाएँगें कि ये परिस्थितियाँ परेशानी भरी नहीं हैं.

18. डारविन, हक्सले, हैक्ल तथा अन्य भौतिक वैज्ञानिकों ने, विरासत के नियम से संबंधित असंख्य नियम दिए हैं. विरासत एक ऐसा नियम है जो रचनात्मकता को बढ़ाता है. इसी बढ़ती हुई विरासत के नियम के कारण मानव ने सीधे रहना सीखा, गति करने की शक्ति पाई तथा खाना पचाने, रक्त प्रवाह नसों की क्रिया-प्रणाली, माँसपेशियों की ताकत, हड्डियों का ढाँचा तथाअन्य भौतिक शरीर के गुण पाए. इसी प्रकार दिमागी तौर पर इंसान की विरासत के कुछ और प्रभावशाली तथ्य भी मौजूद हैं. ये सभी मिलाकर आपकी इंसानी विरासत बनी है."

19. भौतिक वैज्ञानिक एक अन्य विरासत को नहीं जान पाए. यह उनकी सारी खोजो से भी पहले की है तथा सामने नहीं आने पाई. जब वे इसका रहस्य नहीं जान पाए, तो निराश होकर उन्होंने इसपर कार्य बंद कर दिया.

20. यह एक अत्यंत कोमल शक्ति है जिसने प्रारंभिक रचना आरंभ की थी. इसे सर्व शक्तिमान द्वारा, सभी प्राणियों में जीवन प्राण भरे. जीवन इसी से आरंभ हुआ इसी तथ्य को भौतिक वैज्ञानिक न समझ पाए, न समझ पाएँगे. यह अब ज्ञात सभी शक्तियों से ऊपर सुप्रीम शक्ति हैं. इस तक कोई नहीं पहुँच पाया. कोई इंसानी विरासत का विचार नहीं समझ पाया.

21. यही असीमित जिंदगी, आपमें से प्रवाहित होती है तथा आपमें समाहित होती है. इसके तौर-तरीके कुछ और नहीं, बल्कि वे दिमागी क्रिया-कलाप हैं, जिनसे आपकी चेतना बनी है. इन्हीं शक्तियों को बढ़ाने में स्व-शक्ति को बढ़ाने का रहस्य छुपा हुआ है तो क्या इन्हें बढ़ाने की कोशिश नहीं करनी चाहिए ?

22. आप जानते हैं, कि जिंदगी तथा शक्ति के समस्त स्रोत इंसान के अंदर से ही है व्यक्ति, परिस्थितियाँ तथा मौके - इन सभी का सामना करने की, शक्ति, ऊर्जा हमारे अंदर ही मौजूद हैं.

23. नक्कालों से सावधान. अपनी चेतना की मजबूत नींव, ऐसी ताकतों से बनाओ, जो उस असीमित शक्ति से सीधे निकल कर आ रही है. वह शक्ति जो सर्वत्र विद्यमान, सर्वशक्तिशाली है तथा आप उसी का प्रतिबिंब हो.

24. जिन लोगों ने इस विरासत को पा लिया है, उन की जिंदगी अब पहले सी नहीं रही. वे ऐसी शक्ति का अनुभव करेगे, जिसका अभी तक किसी ने सपना भी न देखा हो. वे कभी भी पुनः डरपोक, कमजोर या असंतुलित नहीं होंगे वे स्थायी तौर पर उस सर्वशक्तिमान से जुड़ जाएँगे. उनमें कुछ नई बात आ जाएगी और उन्हें स्वयं भी इस बात का अनुभव होगा कि वे एक अद्भुत योग्यता

पा चुके हैं जिसके प्रति वे अभी तक बिल्कुल अचेतन थे.

25. यह शक्ति हमारे अंदर ही है पर हम इसे तब तक नहीं पा सकते जब तक कि इसे देना न सीखें. उपयोग करने की शर्त पर ही हमें यह विरासत मिली है. हम ही वह तरीके हैं जिसके द्वारा सर्वशक्तिमान ने अपनी शक्तियों को अलग-अलग भौतिक रूप प्रदान किया है ? जब तक हम इसे देंगे, यह तरीके रूके रहेंगें तथा और कुछ नहीं मिलेगा. यह बात अस्तित्व के हर आयाम के लिए सत्य है, चाहे वे किसी भी उम्र के हो, कैसा भी व्यवसाय करते हो. जितना ज्यादा दोगे, उतना ही ज्यादा पाओगे. एक धावक जो ताकतवर होना चाहता है तो उसे अपनी पहले से मिली हुई ताकत का इस्तेमाल करना चाहिए. एक व्यवसायी को अधिक धन कमाने के लिए अपने पहले से मौजूद धनराशि का उपयोग करना होगा, तभी वह ज्यादा कमा सकता है.

26. अगर एक व्यापारी जो अपने माल को गोदाम से बाहर नहीं भेजता है, उसके पास नया माल नहीं आने पाएगा. एक व्यवसायिक संस्था, जो अपने ग्राहकों को उचित सर्विस नहीं देती, जल्दी ही बंद हो जाएगी. ऐसा वकील जो अपने मुकदमे नहीं जीतता, उसे केस मिलने बंद हो जाएँगे. यह सर्वत्र होता है. शक्ति तभी मिल पाएगी, जब अपनी पहले से मौजूद शक्ति का भरपूर लाभ उठाओगे. यह बात जीवन के हर क्षेत्र के लिए सत्य है. मानव को मिली सभी शक्तियों को मूल आध्यात्मिक शक्ति है. आत्मा के निकलने पर बाकी कुछ नहीं बचता.

27. तो फिर अगर यह आत्मा ही सब कुछ है जिस पर हर प्रकार की शक्ति, चाहे वह भौतिक, मानसिक या आध्यात्मिक हो,

को दिखाने तथा इस्तेमाल करने का उत्तरदायित्व है, तो इस तथ्य को हमें समझ लेना चाहिए.

28. हमारी सभी प्रकार की संपदाएँ, दिमाग तौर पर इकट्ठे किए हुए व्यवहार के कारण होती हैं. यही वह जादुई बैंड है जो आपको ये विचार प्रदान करेगा. यही विचार आपके लिए वैसी योजना बनाऐंगें. जिन्हें लागू करके आप में कुछ पाने, जीवन के कुछ कर दिखाने की भावना आ जाएगी.

29. अब अपने कमरे में जाकर वही स्थान लो. उसी स्थिति में बैठो तथा मानसिक तौर पर ऐसा स्थान ढूंढो जिससे आपकी मधुर यादें जुड़ी हो. दिमाग में उसका एक चित्र तैयार करो, इसमें इमारतें, मैदान पेड़, दोस्त, सहयोगी सभी चीजें देखो. आरंभ में अपने उद्देश्य के स्थान पर आप बाकी वस्तुओं पर ध्यान लगा हुआ पाएँगे. पर इससे निरूत्साहित मत हो. उद्देश्य के पीछे जुटे रहने से आप इसमें कामयाब हो जाओगे पर उसके लिए जरूरी है, कि आप प्रतिदिन, बिना रूके यह अभ्यास करो.

▶ अभ्यास प्रश्न उत्तर सहित

41. हमारे दिमाग का कितना हिस्सा अर्धचेतन है?

    लगभग 90%.

42. क्या यह इतना बड़ा भंडारगृह पूरा उपयोग होता है?

    नहीं.

43. क्यों नहीं ?

    कुछ ही लोग यह समझ पाते हैं कि यह एक ऐसी प्रक्रिया है

जिसे उन्हें स्वयं चेतन होकर निर्देशित करना है.

44. चेतन दिमाग अपनी शासन करने की आदतें कहाँ से लाता है ?

विरासत से अर्थात् यह हमारे पूर्वजों की आदतों का नतीजा होता है.

45. आकर्षण का नियम हमें क्या समझाता है?

हम 'स्वयं' हर कार्य के लिए उत्तरदायी है.

46. यह स्वयं क्या है?

हमारी पिछली सोच से हमारे आज का निर्धारण हुआ है. चाहे वह चेतन हो या अर्धचेतन.

47. हम अपने मानसिक घर को बनाने के लिए कौन सा सामान उपयोग करते हैं?

जो विचार हमारे मन में उत्पन्न होते हैं.

48. शक्ति का क्या रहस्य है?

सर्वशक्तिमान की सर्वव्यापकता को जानना–पहचानना.

49. यह विचार कहाँ से पैदा हुआ?

जिंदगी तथा इसकी सभी शक्तियाँ व्यक्ति के अंदर से ही पैदा हुई हैं.

50. शक्ति पाने की संभावना किस तथ्य पर निर्भर है?

जो शक्तियाँ पहले से ही हमारे अधिकार में हैं, उनके उचित उपयोग पर.

परिचय - भाग छ

इस भाग से सफलता का पूरा रहस्य समझ आ जाएगा. जो भी कुछ जीवन में आप पाना चाहते हैं - सेहत, शक्ति, सफलता धन-संपदा आदि कुछ भी.

व्यक्ति की जरूरतों से ही माँग पैदा होती है, जिन पर कार्य करके, नतीजों के रूप में उन्हें पूरा करता है. यह प्रक्रिया लगातार चलती रहती है जिससे हमारे वर्तमान तथा भविष्य का निर्माण होता है. व्यक्तिगत विकास भी यूनिवर्सल विकास की तरह, धीरे-धीरे अपनी सीमाएँ तथा शक्तियाँ बढ़ाता है.

पर यह जानना जरूरी है कि अगर हम दूसरे की राह में मुश्किालें पैदा करेंगे तो हमें भी हर राह में मुश्किलें ही आती जाएँगी. इस बात से यह तथ्य स्पष्ट हो जाता है, कि प्रत्येक सफलता के पीछे उच्च नैतिक आदर्श छुपे हैं अर्थात् भलाई का बदला ही भलाई के रूप में ही मिलता है.

इच्छाएँ, आकांक्षाएँ तथा परस्पर सहयोगिता सदा, सर्वदा बना कर रखने से अच्छे नतीजे ही सामने आते हैं. इसमें सबसे बड़ी रूकावट है गलती करना तथा उसे न सुधारना, उस पर डटे रहना.

शाश्वत सत्य को जानने के लिए, हमारे अंदर शांति, पवित्रता तथा सहयोग की भावना होनी चाहिए. बुद्धि क्षमता को बढ़ाने के लिए व्यक्ति का, सर्वव्यापक से संपर्क होना जरूरी है.

विचार रचनात्मक दिमाग की उपज होते हैं पर इसका यह अर्थ कतई नहीं है, कि सर्वशक्तिमान् अपने तरीकों को हमारे अनुसार बदल लेगें, बल्कि

हमें उनकी सहभागिता में आना होगा. जब हम ऐसा कर पाएँगे तो हमारा रास्ता सरल एवं मनचाहे की प्राप्ति हो पाएगी.

भाग

छ

1. सर्वव्यापक दिमाग इतना अधिक शक्तिशाली है कि इसकी संभावनाओं, असीमित प्रभावों से हम अचंभित हो जाते हैं.

2. यह दिमाग केवल बुद्धि ही नहीं बल्कि तत्वों से भी पूर्ण है. तब हमें मनचाहे उद्देश्य की प्राप्ति कैसे हो ?

3. यह तथ्य उस मशीनरी पर निर्भर है जिससे हमें गरमी, प्रकाश, ऊर्जा, संगीत या अन्य अभूतपूर्व शक्तियाँ प्राप्त होती हैं.

4. विचारों का क्या प्रभाव होता है ? विचार दिमाग के क्रियात्मक होने का परिणाम होते हैं तथा पूरी तरह उस मशीनरी पर निर्भर हैं जिनसे यह जुड़े हैं.

5. अर्थात् जिस मशीनरी से हम जुड़े हैं, वही हमारी मानसिक शक्तियों का रहस्य है.

6. आपने एडीसन, बैल, मारकोनी तथा अन्य वैज्ञानिकों के विषय सुना होगा कि उन्होंने किस प्रकार समय, स्थानों को अपने प्रयोगो से साधा पर कभी आपने यह सोचा कि इस विश्व का निर्माण करने वाली शक्ति जो सर्वत्र विद्यमान तथा सर्वशक्तिमान है, उसकी मशीनरी उन वैज्ञानिकों से ऊपर हैं. .

7. हम खेती में जो मशीनरी, सामान इस्तेमाल करते हैं, उसकी जानकारी ले लेते हैं. जो कार चलाते हैं, उसकी भी यथा संभव जानकारी ले लेते हैं, पर व्यक्ति के अस्तित्व के लिए आवश्यक मशीनरी (उसका दिमाग) की कोई भी जानकारी नहीं रखते, न रखना चाहते.

8. चलिए, अब इसकी पहचान करते हैं. तब शायद हमें दिमाग के कारण पैदा हुए प्रभावों की अच्छी समझ आ जाएगी.

9. सर्वप्रथम यह जानिए हम सर्वव्यापक, सर्वशक्तिमान की इस दुनिया में जीते, हँसते गाते, चलते और साँस लेते हैं. यह शक्ति हमारी इच्छा तथा विश्वास के अनुपात में उन्हें पूरा करती है पर यह उद्देश्य हमारे अस्तित्व के अनुरूप होना चाहिए. यह रचनात्मक तथा उद्देश्यपूर्ण होना चाहिए. हमारा विश्वास इतना मजबूत होना चाहिए कि हमारा कार्य पूरा होकर ही रहे, क्योंकि विश्वास पर ही सफलता की नींव टिकी है.

10. बाहरी दुनिया में होने वाले प्रत्येक कार्य, व्यक्ति के सर्वव्यापक से होने वाले आदान-प्रदान का नतीजा होते हैं. इसी प्रक्रिया को विचारना कहते हैं तथा दिमाग ही वह अंग हैं जिससे यह कार्य पूरा होता है. प्रत्येक कार्य की रूपरेखाव्यक्ति के दिमाग से ही उत्पन्न होती है चाहे वे उसके शौक हों या किसी अन्य विषय में उसकी योग्यता.

11. प्रकृति के रहस्यों में कोई भी ऐसा नियम नहीं है जिसे दिमाग न समझ सके. जिस समय जैसी आवश्यकता होती है, उस समय यह उसीके अनुसार रूप ले लेता है. यह समझिए कि यह

एक वैज्ञानिक तथ्य है तथा प्रकृतिका आश्चर्यजनक नियम है. अब आपके लिए इस पूरे तंत्र को समझना आसान होगा, जिससे ये हैरतअंगेज कारनामें पूरे किए जाते हैं.

12. व्यक्ति की नसों की कार्य-प्रणाली एक बिजली के सर्किट की तरह काम करती है. उसमें शक्ति पैदा करने के लिए बैटरी होती है जिससे तारें जुड़े होने से करंट पैदा होता है. बिल्कुल इसी तरह हर इच्छा, दिमागी प्रक्रिया की मशीनरी से संचालित होती है.

13. रीढ़ की हड्डी वह महत्वपूर्ण अंग है जिस से दिमाग से सारे शरीर को जरूरी निर्देश पहुँचाए जाते हैं. हमारे शरीर में बिछे हुए नसों के जाल से खून दौरा करता है, जिससे हममें शक्ति तथा ऊर्जा आती है. यह भौतिक शरीर एक मजबूत ढाँचे पर टिका है. तथा इसे सुंदरता देने वाली, नरम व सुंदर त्वचा इस पूरी मशीनरी को ढकती है.

14. इस प्रकार यह जीते-जागते, ईश्वर का मंदिर है. जिसका नियंत्रण 'मैं' को दिया गया है. अब उस पर निर्भर करता है कि वह इस मशीनरी को किस प्रकार इस्तेमाल करके क्या नतीजा लाता है ?

15. प्रत्येक विचार से दिमागी सैल कार्य शुरू कर देते हैं. आरंभ में इन विचारों का कुछ नतीजा नहीं निकलता पर अगर ये विचार शुद्ध तथा गहन हों तो अवश्य ही सफलता मिलती है.

16. शरीर के प्रत्येक भाग पर दिमागी क्रियाओं काअसर पड़ता है, जिससे धीरे-धीरे अवांछित प्रभावों को हटाया जा सकता है.

17. एक सोचा समझा विचार, कभी भी बिजनेस के लेन-देन

की प्रक्रिया में गलती नहीं कर सकता क्योंकि इससे स्पष्ट समझने की शक्ति विकसित होती है, जो हमें तथ्यों की सही तथा उचित समझ प्रदान करती है.

18. अपनी अंदरूनी ताकत को समझने वाला व्यक्ति, ऐसी ताकतों को पहचानने में गलती नहीं कर सकता जिससे आगे चलकर उसका भविष्य निर्धारित होगा, जिससे उसमें सर्वोत्तम, सर्वश्रेष्ठ, सर्वशक्तिमान से जुड़ने की योग्यता आएगी.

19. दिमाग की शक्तियों का विकास करने के लिए ध्यान देना जरूरी है. उचित ध्यान देने से अविश्यसनीय नतीजों की प्राप्ति भी की जा सकती है. अपने ध्यान को गहन बनाना ही हर सफल व्यक्ति की पहचान होती है. यह सर्वोत्तम व्यक्तिगत सफलता है.

20. इसकी तुलना एक चीजों को बड़ा करके दिखाने वाले शीशे से की जा सकती है. जब तक यह शीशा इधर-उधर हिलता रहता है, इसकी कोई ताकत नहीं होती पर जब इसे एक स्थान पर, बिना हिले-डुले, सूर्य की किरणों को दर्शाया जाता है तो आप स्वयं जानते हैं कि उसका क्या असर होता है ?

21. अत: विचारों की ताकत को पहचानिए. इन्हें व्यर्थ के भ्रमण से बचाओ. गहन ध्यान लगाकर इस ताकत को बढ़ाओ, तब देखना कि कुछ भी असंभव नहीं है.

22. कुछ यह कहेगें कि ये तो एक बड़ी मुश्किल परिस्थिति का आसान हल बताया गया है तो ठीक है, पहले कोई उद्देश्य चुन कर, उस पर 10 मिनट ध्यान लगाओ. हो सकता है दिमाग इधर-उधर भागता रहे पर आप उसे बार-बार अपने असली उद्देश्य पर लगाओ. शायद 10 मिनिट के बाद कुछ नतीजा न निकल पाए क्योंकि आप

उचित प्रकार से अपनी इच्छित वस्तु पर ध्यान केन्द्रित नहीं कर पाए.

23. अत: यह स्पष्ट है, कि ध्यान लगाने से ही आप हर बाधा पर विजय पा सकते हो. इस शक्ति को पाने का एकमात्र तरीका है. अधिकाधिक अभ्यास करना. अभ्यास से किसी भी कार्य में निश्चित तौर पर सफलता पाई जा सकती है.

24. इस शक्ति को बढ़ाने के लिए, पूर्व बताई गई स्थिति में, उसी कमरे में एक फोटो लगा लो. इसे 10 मिनट एक ध्यान-पूर्वक देखो. उसकी एक-एक बारिकी को नोट करो. अब इसे ढक दो. अपनी आँखें बंद करके इसे मानसिक तौर पर देखने की कोशिश करो. ऐसा तब तक करो जब तक आप उसकी हर छोटी-छोटी बात याद करने में समर्थ हो जाओ.

25. यह सिर्फ अभी भूमिका तैयार की जा रही है फसल बोने में अभी समय है.

26. इस, अभ्यास के द्वारा धीरे-धीरे आप अपने 'मूड' को नियंत्रित करना सीखोगे, अपने व्यवहार अपनी चेतना पर काबू पाओगे.

27. महान व्यापारी भी ऐसा करने से अपने जीवन में बेहतर योजनाएँ तथा बेहतर विचार कर पाते हैं.

28. सफल व्यापारी सदा यह बात समझते है कि दूसरे की सफलता का रहस्य, 'स्वयं' के लिए जानना बहुत जरूरी है.

29. एक छोटा सा विचार भी करोड़ों रू.का मूल्य रख सकता

है. पर ये विचार उन्हें ही आते हैं जो इन्हें पाने, अपनाने को तैयार हैं जो दिमागी तौर पर खुले तथा विकसित हैं.

30. सर्वव्यापक दिमाग से सहयोग करना मनुष्य धीरे–धीरे सीखता है. पहले वह सभी वस्तुओं में एकता लाना सीखता है, फिर सफल विचारों की मूल बातें जान पाता है. इससे परिस्थितियाँ बदल जाती है तथा नतीजे बढ़िया हो जाते हैं.

31. व्यक्ति को यह समझ आ जाता है, कि स्थितियाँ तथा वातावरण हमारे मानसिक तथा आध्यात्मिक वृद्धि से बदलते हैं. इससे ज्ञान बढ़ता है. कार्य प्रेरणा से आते हैं. दूरदृष्टिता से मौके मिलते हैं, अतः सर्वप्रथम आध्यात्मिक हो जाओ तभी असीमित संभावनाओं को भी जीत लोगे.

32. व्यक्ति सर्वव्यापक की शक्ति को वितरित करने का साधन है, ये शक्तियाँ, वास्तव में कभी न समाप्त होने वाली संभावनाएँ हैं.

33. विचारों के द्वारा हम 'शक्ति' को आत्मसात् कर सकते हैं. इसे तब तक अपने अंदर की चेतना में पकड़ कर रखो, जब तक कि यह आप की साधारण चेतनता का हिस्सा न बन जाए. यह कार्य सतत् अभ्यास से संभव है यही वह मास्टर चाबी है, जो शाश्वत सत्य के स्टोर का ताला खोल देती है.

34. शारीरिक बीमारियाँ तथा मानसिक चिंताएँ इस समय ये

दोनों मानव के सबसे बड़े शत्रु हैं. यह दोनों प्राकृतिक नियमो को तोड़ने वाली बाधाएँ हैं. इसमें कोई शक नहीं कि इनके विषय में मानव का ज्ञान अभी पूरा नहीं है पर ये अज्ञानता का अंधेरा, जो सदियों से फैला है, धीरे-धीरे हट जाता है. इसके हटते ही इसके साथ फैली गलतियाँ भी समाप्त हो जाती हैं.

***लार्सन** के शब्दों में,*

"'व्यक्ति स्वयं को बदल सकता है, बेहतर कर सकता है, पुन: निर्माण कर सकता है, अपने पर्यावरण को नियंत्रित कर सकता है तथा अपनी किस्मत का स्वयं मालिक बन सकता है. सही दिशा में सोचे गए रचनात्मक कार्यों से प्रत्येक कार्य संभव है."

▶ अभ्यास प्रश्न उत्तर सहित

51. बिजली से उत्पन्न होने वाले प्रभावों को बताओ?
गरमी, प्रकाश, शक्ति, संगीत.

52. ये प्रभाव किस पर निर्भर हैं ?
जिस प्रक्रिया से बिजली पैदा हो रही है यह उस मशीनरी पर निर्भर हैं.

53. व्यक्तिगत दिमाग के सर्वव्यापी से आदान्-प्रदान का क्या नतीजा होता है?
हमारे आस-पास की परिस्थितियाँ तथा अनुभव.

54. इस परिस्थिति को कैसे बदलें?
उस मशीनरी को बदलो, जिससे सर्वव्यापक ने स्वयं को व्यक्त किया है.

55. वह मशीनरी क्या है?
मस्तिष्क.

56. इसे कैसे बदलें?
विचार-प्रक्रिया द्वारा. विचारों से दिमाग मे ऐसे सैल पैदा होते हैं जो सर्व व्यापक के नजरिए को समझने में समर्थ हो जाते हैं.

57. गहन ध्यान से क्या शक्ति मिलती है?
यह व्यक्तिगत तौर पर पाई जाने वाली सबसे बड़ी सफलता

होती है जो एक सफल व्यक्ति को बाकियों से अलग दर्शाती है.

58. इसे कैसे हासिल किया जाए ?

सतत् अभ्यास द्वारा.

59. यह इतना महत्वपूर्ण क्यों है?

इससे हम अपने विचारों पर नियंत्रण पाना सीखते हैं, चूंकि विचार ही हर परिस्थिति का कारण हैं, अत: इन्हें नियंत्रित करके हम अपनी परिस्थितियों तथा उनके प्रभावों पर भी नियंत्रण पा सकते हैं.

60. इस लौकिक विश्व में, बदलती परिस्थितियों तथा बढ़ते प्रभावों का क्या कारण है?

व्यक्ति रचनात्मक विचारों की प्रक्रिया के मूल तरीके सीख रहा है.

परिचय - भाग सात

सदियों से मानव एक अदृश्य शक्ति में विश्वास रखता आया है, जिसके द्वारा यह संसार बार-बार रचा गया है.

हम इसें प्रभु कहते हैं तथा यह मान कर चलते हैं कि समस्त सृष्टि का संचालक वही है.

जहाँ तक व्यक्ति की बात है, उसके शारीरिक, मानसिक क्षेत्रक उसकी ज्ञानेन्द्रियों से नियंत्रित होते हैं. दिमागी हरकतें आध्यात्मिक होती हैं, वे व्यक्तिगत तथा अदृश्य होती है.

व्यक्ति स्वयं के प्रति चेतन होता है. अव्यक्तिगत भी वैसे ही गुण तथा प्रकार का होता है, पर चूंकि यह स्वयं के प्रति सचेत नहीं होता, अत: इसे अर्धचेतन कहते हैं. चेतन या व्यक्तिगत के पास इच्छा तथा चुनने की शक्ति होती है. इसलिए यह अपने परेशानियों को हल करने में अनेक अलग-अलग किस्म के जुगाड़ लगा सकता है.

आध्यत्मिक या अव्यक्तिगत सभी प्रकार की शक्तियों का स्रोत है, पर उसके पास वैसी ताकत नहीं पर उसकी आवाज पर असीमित साधन उपलब्ध होते हैं. यह उस साधनों को, मानव दिमाग द्वारा उपयोग करके, संभव नतीजे सामने लाता है, चाहे वे पहले से नियोजित न भी हो.

अत: आप देखोगे कि यह आपका विशेषाधिकार है कि आप मानवीय इच्छा को उसकी सभी सीमितताओं, गलत धारणाओं के साथ, कैसे इस्तेमाल करते हैं या फिर अर्धचेतन दिमाग का उपयोग करके, इन अनगिनत संभावनाओं से लाभ उठा पाते हैं. अत: यह आपके अधिकार-क्षेत्र में

आने वाली, चमत्कारी शक्ति की वैज्ञानिक विवेचना है. बस इसे समझना, पहचानना तथा संभालना है.

इसी शक्ति को संभालने का एक तरीका हम भाग-7 से जानेंगें.

भाग

सात

1. मानसिक तौर पर किसी वस्तु, परिस्थितिकी रूप-रेखा तैयार करने को दूरदृष्टि कहते हैं पर इसी दूरदृष्टि पर आपका भविष्य निर्भर है.

2. बिना डरे, निर्भीक होकर, इसके तौर-तरीके सुंदर बनाओ, भव्य बनाओ. ध्यान रखो आप पर स्वयं के अलावा कोई अंकुश नहीं है. आपकी पूर्ति असीमित हैं, इसे अपनी कल्पनाओं में नए आयाम दो.

3. इसे सर्वोत्तम रूप में अपने समक्ष तैयार करो. मजबूती से इसे अपने दिमाग में तैयार करने से धीरे-धीरे यह, लगातार आपके करीब आती जाएगी. आप जो बनना चाहते हो, वही बन जाओगे.

4. यह एक मनोवैज्ञानिक तथ्य है, जिसे सभी जानते हैं, पर दुर्भाग्य से कोई भी इसे समझता नहीं है. व्यक्ति को कार्य करना जरूरी है ऐसी मेहनत जिसे बहुत कम लोग करना चाहते हैं.

5. इस दिशा में पहला कदम है - आदर्शों की स्थापना करना. ऐसा करना इसलिए भी जरूरी है, क्योंकि इसी के ऊपर आपके भविष्य की योजनाएँ टिकी हैं, अत: यह स्थायी एवं मजबूत होने चाहिएँ. एक

आर्किटेक्ट जब एक 30 मंजिली बिल्डिंग की योजना बनाता है तो उसके दिमाग में प्रत्येक कार्य की स्पष्ट रूप-रेखा होती है. यह जरूरी भी है.

6. वे प्रत्येक कदम तोल कर रखते हैं, इसलिए आपके मस्तिष्क में, जो भी कार्य आप करने जा रहे हैं, उसकी स्पष्ट तस्वीर होनी चाहिए. अगर ऐसा नहीं है तो वापिस उसी कुर्सी पर जा कर बैठिए, जब तक तस्वीर स्पष्ट नहीं हो जाती ऐसा धीरे-धीरे होगा. आरंभ में धुंधली तस्वीर होगी. पर बाद में स्पष्ट होती जाएँगी. रूपरेखा. बनने-बनने, इसकी सारी योजना आपकी आँखों के आगे आ जाएगी. आप स्वत: ही ऐसी योजनाएँ बनाने में सक्षम हो जाओगे जो आपको आपकी उद्देश्यों की पूर्ति में सहायक होंगी आपको अपना भविष्य बिल्कुल स्पष्ट नजर आने लगेगा.

7. अब बारी आती है - मानसिक तौर पर बनाई योजना पर कार्य करने की. जैसे-जैसे आपके दिमाग में, चित्र स्पष्ट होती जाएगा इसकी बारीकियाँ, इसे पूरा करने के तौर-तरीके एक के बाद विकसित होते जाएँगे. विचार कार्यवाही करने की प्रेरणा बनेंगे. ये कार्यवाहियाँ स्वत: ही तरीके ढूँढेगीं, तरीकों को पूरा करने के लिए सहयोगी एवं परिस्थितियाँ बनेगीं. तथा आखिर में तीसरा कदम होगा. वास्तविक रूप में कार्य पूरा होना.

8. हम सभी जानते हैं कि विश्व की रचना का आरंभ, मानव के विचारों से ही हुआ था, तो आप संसार के रचियता, उस महान प्रभु के कदमों पर चलना चाहते हो, तो आप भी, अपने विचारों को उसी तरह कार्यान्वित होते हुए देखोगे. व्यक्ति की कल्पना भी उसी प्रकार ही चलती है, मात्र अनुपात का अंतर है, अन्यथा गुणवत्ता में

कोई अंतर नही है.

9. एक आर्किटेक्ट किसी इमारत को बनाने से पहले उस की कल्पना करता है. उसके विचारों में इमारत की शक्ल निकल आती है - चाहे वह ऊँची हो या नीची, भव्य हो या साधारण, सारी योजना पेपर पर आकार ले लेती है, आखिरकार जरूरी सामान का इस्तेमाल कर के इमारत पूरी की जाती है.

10. निकोला टेस्ला, जो कि एक अत्यंत बुद्धिमान आविष्कारक थे, उन्होंने सर्वप्रथम अपनी खोज का स्वप्न लिया. उसे कार्यरूप देने से पहले उसकी कमियों को ठीक किया. उन्होंने अपने 'इलेक्ट्रीकल एक्सपेरीमेंटर' में लिखा है, कि "बिना किसी चीज को छुए ही, मैं तेजी से कार्य पूरा कर पाया. पर ऐसा तब हुआ जब उसमें जितने सुधार मैं कर सकता था, कर दिए और कहीं कोई तकनीकी कमी या खराबी नहीं बची थी. तब मैंने अपने दिमागी प्रयोग को भौतिक आकार दिया, तब मेरा उपकरण बिल्कुल वैसा ही बना जैसा कि मैं चाहता था. ऐसा पिछले बीस वर्षों से हो रहा है."

11. अगर आप सावधानीपूर्वक इसे मानोगे तो आपमें विश्वास की भावना आ जाएगी. ऐसा विश्वास जो आपके देखे गए सपनों को, पूर्ण उद्देश्यों में बदल देगा. आप में साहस भर देगा इससे सहनशक्ति तथा क्षमता बढ़ जाएगी. आप में गहन ध्यान लगाने की क्षमता आ जाएगी जिससे काम के अलावा सभी बेकार बातें स्वत: हट जाएँगी.

12. सारांश यह है, सिर्फ वही व्यक्ति अपनी किस्मत का मालिक बन सकता है जो अपने विचारों को नियंत्रित करके उन्हें कार्यान्वित कर सके.

13. अपने दिमाग में बार–बार दुहराने से वांच्छित उद्देश्य बिल्कुल स्पष्ट तथा उचित हो जाते है. प्रत्येक कार्य दोहराने से पहले से स्पष्ट हो जाता है. आपको अपने दिमाग में, पक्के तौर पर यह कार्य करना ही होगा. बाहरी दुनिया में शक्ल लेने से पहले, अंदरूनी दुनिया में इसके निर्माण का ढाँचा पूरा हो जाना चाहिए. पर आप कुछ भी तभी बना सकते हैं, जब उसके लिए उचित सामाना होगा, चाहे यह निर्माण दिमागी तौर पर ही क्यों न हो. पर ध्यान रखिए कि खराब सामान से अच्छी चीज नहीं बन सकती.

14. यह सामान दिमाग के लाखों, सूक्ष्म कारीगरों द्वारा तैयार होता है तथा फिर आपी चाही हुई वस्तु तैयार हो पाती है.

15. जरा सोचिए, आपके पास ऐसे 5 मिलियन मानसिक कारीगर हैं जो आपके लिए कार्य करने को तैयार हैं, जिन्हें हम ब्रेन सेल कहते हैं. इसके अलावा, जरा सी भी जरूरत पड़ने पर इतनी ही संख्या आपके पास रिजर्व में भी होती है. इस प्रकार आपकी सोचने की शक्ति असीमित है, तब मान कर चलिए कि आपके कदमों के तले सारी दुनिया आ सकती है.

16. आपके शरीर में करोड़ो मानसिक कारीगर मौजूद हैं. जिनमें से प्रत्येक आपकी दी हुई आज्ञा को समझने की समझ रखता है तथा उस पर काम करने को तैयार है. ये सभी पुनः रचना करती रहती हैं. इसके साथ–साथ उनमें ऐसी मनोवैज्ञानिक शक्ति होती है जिस से वे अपने पूर्ण विकास के लिए जरूरी सभी तत्व अपने पास खींच लेती हैं.

17. यह सब इस नियम के अधीन होता है कि जिंदगीका प्रत्येक तरीका अपने अस्तित्व के लिए आवश्यक साधन खोज लेता

है. फूलों को स्वयं के खिलने के लिए, वातावरण से जो भी कुछ चाहिए होता है वे शांति से ले लेते हैं, यह आकर्षण के नियम पर ही आधारित है. इसी पर चलकर आप भी सब कुछ पा सकते हैं, जो भी आप चाहते हैं.

18. पहले मानसिक रूपरेखा बनाओ. इसे पूर्ण, उचित सबसे अलग होना चाहिए. मजबूती से इसे समझो, तरीके स्वत: आते जाएँगे माँगी की पूर्ति भी हो जाएगी. आप सही समय पर सही दिशा में, सही कार्य ही करेगें. पाने की जबरदस्त इच्छा से आपमें आत्मविश्वास पैदा होगा, इससे आप कार्य-योजना को जोरदार तरीके से लागू कर पाएँगे और ये सभी चीजें अंतिम उद्देश्य की प्राप्ति कर पाएँगी. अब इसका कारण समझिए. वास्तविक इच्छा भावनाएँ हैं आत्मविश्वास से पूर्ण होने पर विचार आते हैं, माँग मजबूती से करने पर उसकी इच्छा पैदा होती है और जैसा कि हमने देखा भी है, भावनाओं से विचारों को बल मिलता है और वृद्धि के नियम के तहत इच्छाएँ कार्यरूप लेती हैं.

19. क्या यह बात स्वयं में हैरतअंगेज नहीं है कि मानव के स्वयं के अंदर एक जबरदस्त शक्ति छुपी हुई है ऐसी दैवीय शक्ति जिसके लिए विचार नहीं करना पड़ता? पर बड़ी अजीब बात है कि हमें हमेशा बाहर से शक्ति पाने की बात सिखाई गई है. जब भी कभी ऐसा होता है, तो इसी अंदरूनी शक्ति को, दैवीय शक्ति माना जाता है.

20. बहुत से लोग इस के विषय में जानते तथा समझते हैं. जो व्यक्ति सेहत, शक्ति तथा अन्य वांछित उद्देश्य अपनी जिंदगी में पाने के लिए बहुत प्रयास करने के बावजूद फेल हो जाते हैं, वे व्यक्ति

इस नियम को पूरी तरह नहीं समझ पाए हैं. परेशानी की बात यह है कि वे सिर्फ बाहरी तौर पर कोशिशें कर रहें है. वे यह नहीं समझे कि सेहत, शक्ति आदि वस्तुएँ मात्र प्रभाव हैं पर इससे पहले इनका कारण ढूंढना जरूरी है.

21. जो व्यक्ति बाहरी दुनिया की ज्यादा परवाह न करते हुए, सिर्फ सत्य जानना चाहता है, सिर्फ बुद्धि की खोज करता है, वह स्वयं ही जान लेगा कि यही बुद्धि आपके सामने शक्तियों का स्रोत पैदा कर देगी. इससे ऐसे विचार तथा उद्देश्य प्रकट होंगे जिनसे वांछित बाहरी परिस्थितियाँ उत्पन्न हो जाएंगी. सत्य स्वतः ही एक महान उद्देश्य तथा साहसी कार्य के रूप में प्रकट होगा.

22. सिर्फ आदर्शों की स्थापना करो, बाहरी स्थितियों को मत सोचो. अंदरूनी दुनिया को सुंदर तथा धनी बनाओ, बाहरी दुनिया भी उसीका प्रतिरूप बन जाएगी. जब आप आदर्श बनाने की अपनी शक्ति का अहसास करोगे, तो यही अहसास आपकी बाहरी दुनिया में भी प्रकट होगा.

23 एक उदाहरण समझिए, एक व्यक्तिपर ऋण है. वह लगातार इसी बोझ के तले रहता है तो ऋण का बोझ उसके दिमाग पर बढ़ता ही जाएगा. हानि से और हानि होती है या फिर एक मुसीबत साथ में अनेक मुसीबतें लाती है, इस प्रकार आकर्षक के नियम के कारण, उसकी परेशानियाँ बढ़ती जाएँगी.

24. तब उचित नियम क्या है ? जो चाहते हो, उस पर ध्यान लगाओ, जो नहीं चाहते उन्हें छोड़ दो. प्रचुरता का अहसास करो. वे तरीके सोचो जिनसे आस-पास फैली प्रचुरता से लाभ उठा सको.

कुदरत के अनमोल खजाने में से, अपने लिए जो भी चाहो, पा सकते हो, यह तथ्य सदा दृष्टि में रखो.

25. जो भी व्यक्ति, डर तथा भय के साये में जीते हैं. वे सदा स्वयं के लिए गरीबी, कमी और सीमितता से भरी परिस्थितियाँ पैदा कर लेते हैं. पर आशापूर्ण, साहसी नजरिया, व्यक्ति के जीवन में प्रचुरता की कमी नहीं होने देता.

26. कुछ के लिए ऐसा कर पाना कठिन होगा. वे लोग-चिंता, भय, परेशानी के साये में जीते हैं. कुछ करना चाहते हैं मदद करना चाहते हैं, पर ये एक ऐसे बच्चे की तरह है जिसने अभी-अभी एक बीज बोया है और हर 15 मिनट के बाद वह उसकी वृद्धि चैक करता है, ऐसी परिस्थितियों में, बीज कभी भी जड़ें नहीं पकड़ पाएगा. पर बिल्कुल यही कार्य लोग अपनी मानसिक दुनिया में करते हैं.

27. बीज बोकर उसे छोड़ना नहीं चाहिए. पर इस बात का यह अर्थ नहीं है कि हम बिना कुछ करे, बैठे रहें. अगर चाहें, तो पहले से भी अच्छा कर पाएँगें, नई दिशाएँ स्वयं ही मिलती चली जाएँगी. खुले दिमाग से उनका स्वागत करो. जब समय आए तो उस पर कार्य करने को तैयार रहो.

28. ज्ञान प्राप्ति का विचार सबसे सशक्त साधन हैं. किसी भी विषय पर गहन ध्यान लगाने से कोई न कोई रास्ता अवश्य ही मिल जाता है. मनुष्य की समझ से परे कोई चीज नहीं. ऐसी कोई भी परेशानी नहीं है, जिसका हल न हो. अपनी विचार शक्ति से लाभ उठाने के लिए उस पर कार्य करना जरूरी है.

29. याद रखिए कि विचारों की अग्नि की शक्ति से ही भाग्य रूपी भाप का इंजन चलता है.

30. इन सब बातों के आधार पर स्वयं को आंको आपको स्वयं सही बात समझ आ जाएगी. अब यह देखिए कि आप भीड़ के पीछे चलेगें या अपना रास्ता स्वयं तय करेंगे. याद रखिए भीड़ खुद रास्ते की तलाश में होती है, रास्ता नहीं दिखाती. भीड़ ने तो सदा नए विचारों का विरोध किया है.

31. इस सप्ताह के अभ्यास के लिए, अपने दोस्त का ध्यान करो, जब आपने अंतिम बार उसे देखा था, बिल्कुल वही शक्ल याद करो. वे सभी परिस्थितियाँ और बाते ध्यान करो, अब उसके चेहरे को ध्यान से देखो. उससे किसी विषय पर बात करो. आप उसके भावों को बदलता हुआ पाओगें. क्या आप यह कर सकते हो ? ठीक है, उसका इस विषयक की तरफ ध्यान आकर्षित करो. कोई साहसिक कारनामा सुनाओ, उसकी आँखे भी इस बात का आनंद लेने लगेंगी. क्या आप यह सब कर पाओगे ? अगर ऐसा है तो आप की कल्पना शक्ति अच्छी है, आप उचित उन्नति कर रहे हो.

▶ अभ्यास प्रश्न उत्तर सहित

61. भविष्य में झाँकना क्या है?

मानसिक तस्वीरें तैयार करना.

62. इस विचार प्रक्रिया का क्या नतीजा होता है ?

इस दिमागी तस्वीर को तैयार करने से पूरी तरह से हम उस वस्तु को धीरे-धीरे आत्मसात् करते जाते हैं. हम वही बन जाते हैं, जो बनना चाहते हैं.

63. आदर्शीकरण क्या है?

वास्तविक दुनिया में अपने उद्देश्यों की पूर्ति के पहले, व्यक्ति को उनका सपना देखना चाहिए.

64. स्पष्टता तथा उचित होना, क्यों जरूरी है?

क्योंकि, 'देखने' से 'भावना' आती है 'भावना' से वास्तविक तौर पर होने का अहसास होता है. पहले मानसिक, फिर भावनात्मक होने से, उद्देश्य प्राप्ति की असीमित संभावनाएँ पैदा हो जाती हैं.

65. इन्हें कैसे पाया जाए?

प्रत्येक वस्तु, कार्य को दोहराने से यह पहले से बेहतर तरीके से होता है.

66. इस मानसिक वस्तु के निर्माण के लिए सामान कैसे लाएँ?

करोड़ों कामगारों द्वारा, जिन्हें दिमागी अतक भी कहते हैं.

67. वास्तविक दुनिया में अपने उद्देश्यों की पूर्ति के लिए जरूरी स्थितियाँ कौन सी हैं?

आकर्षण के नियम द्वारा. इसी प्राकृतिक नियम के तरह सभी प्राकृतिक स्थितियों तथा अनुभव काम करते हैं.

68. इन नियम को लागू करने के लिए कौन से तीन कदम उठाने जरूरी हैं ?

वास्तविक इच्छा, साहसपूर्ण चाह तथा मजबूत माँग.

69. अनेक इसे पूरा क्यों नहीं कर पाते हैं?

क्यों कि वे हानी, बीमारी, दुर्घटनाओं से डरते हैं. नियम तो अपने संपूर्ण रूप में कार्यरत् है, पर नकली डर इस पर हावी हो जाते हैं.

70. इसका विकल्प क्या है?

जो उद्देश्य अपने जीवन में पूरे करना चाहते हो, उन्हीं आदर्शों पर ध्यान केन्द्रित करो.

परिचय - भाग आठ

आप जो भी कुछ चाहते हैं, वह चुन सकते हैं, पर आपके विचार न बदलने वाले इस नियम से प्रभावित होते हैं. हमारी जिंदगी में इस नियम के कारण, वे परिस्थितिवश नहीं बदलती. यह स्थायी होना ही हमारा मौका है. अपनी तकदीर बदलने का. इस नियम के तहत कार्य करके हम अचूक तरीके से अपने इच्छित नतीजे पा सकते हैं.

इस नियम के कारण, यह विश्व सह योगिता का स्वर्ग है. अगर यह नहीं होता तो संपूर्ण विश्व, स्वर्ग के स्थान पर नरक होता.

यही अच्छाई-बुराई के पैदा होने का रहस्य है. अगर हमारे विचार रचनात्मक होंगे तो नतीजा अच्छा होगा पर अगर विचार खतरनाक होंगे, तो नतीजा भी बुरा ही होगा.

अतः एक नियम, एक शक्ति सर्व व्यापक है. अच्छा-बुरा हमारे कार्यों के नतीजों को बताने वाले शब्द हैं. यह हमारे उस प्राकृतिक नियम के तहत चलने या न चलने को बताते हैं.

इर्मसन तथा कैरिल के उदाहरण से इसे उचित प्रकार से समझा जा सकता है. इर्मसन को अच्छाई पसंद थी. उसकी जिंदगी में शांति एवं सुख थे. कैरिल को बुराई से नफरत थी पर उसकी जिंदगी में लगातार घृणा तथा अशांति थी.

ये दो महान व्यक्ति, समान आदर्श पाना चाहते थे. पर एक ने प्राकृतिक नियमों के तहत रचनात्मक विचार अपनाए तो दूसरे ने अरचनात्मक विचार और स्वयं के लिए मुश्किलें पैदा की.

यह स्पष्ट है कि हमें किसी से घृणा नहीं करनी है, यहाँ तक कि बुराई से भी नहीं. घृणा एक अत्यंत खतरनाक तत्व है. इसकी भावना होने से खतरनाक स्थितियाँ पैदा हो जाती है.

भाग

आठ

1. विचारों का एक महत्वपूर्ण नियम होता है क्योंकि यह विश्व का एक रचनात्मक नियम है तथा प्राकृतिक तौर पर अन्य विचारों से समानता रखता है.

2. जिंदगी का एक उद्देश्य वृद्धि है. अस्तित्व के लिए आवश्यक सभी नियम इसे प्रभावित करते हैं. इसीलिए विचार आकार लेते हैं. तथा वृद्धि के नियम के अंतर्गत ये क्रियान्वित होते हैं.

3. आप जो सोचते हैं उसे चुनने के लिए स्वतंत्र हो. पर आपके विचारों के नतीजे पर उस प्राकृतिक नियम का प्रभाव भी पड़ता है. इस विषय में जो भी विचार उत्पन्न होते हैं, उनका असर उस व्यक्ति के चरित्र, सेहत तथा परिस्थितियों पर पड़ता है. अत: यह बहुत महत्वपूर्ण है कि हम अरचनात्मक नतीजों की आदतें डालनी होंगी.

4. पर यह आसान नहीं है. मानसिक आदते आसानी से काबू नहीं आती हैं परंतु यह कार्य किया जा सकता है. इसका एकमात्र तरीका है तुरंत रचनात्मक विचारों को स्थान दीजिए. प्रत्येक विचार का नाप-तोल करो, अगर जरूरी हो. इसका उद्देश्यपूर्ति में लाभ होगा, न केवल तुम्हें, बल्कि उन सभी को जो भी व्यक्ति इस

से प्रभावित हो रहे हैं. अब इस कीमती विचार को संभालो. यह असीमित की कृपा का अंश है. यह विकसित होकर हजार गुना फल देगा. जार्ज मैथ्यू के शब्दों में, ''ऐसी प्रत्येक वस्तु जो आपके लक्ष्य में उपयोगी नहीं है, अपितु बाधा है, उसके लिए आपने दरवाजे बंद कर दो. उसे अपने दिमाग, ऑफिस, अपनी दुनिया से निकाल दो.'' वाकई यह बात बहुत महत्वपूर्ण है.

5. यदि आपके विचार आलोचनात्मक या नकारात्मक हैं, तो उनका परिणाम भी आप के वातावरण में घृणा, असहभागिता पैदा. करते हैं, अत: आप के लिए आवश्यक है ऐसा मानसिक व्यवहार बनाएँ जो केवल रचनात्मक विचारों को ही स्वीकारें.

6. इस दिशा में कल्पना बहुत सहायक सिद्ध होती है. अपनी कल्पनाओं में अपने आदर्शों को आगे बढाओ, इसी में से भविष्य आकार लेने वाला है.

7. हमारे भविष्य रूपी वस्त्र का ताना-बाना बुनने के लिए, हमारी कल्पना सब सामान जोड़ लेती है, जिस पर कार्य करके दिमाग मनचाहा वस्त्र तैयार कर लेता है.

8. कल्पनाओं के घोड़े दौड़ाकर हम नए विचारों एवं अनुभवों की दुनिया में कदम रख सकते हैं.

9. कल्पना ही वह शक्तिशाली यंत्र है जिसके द्वारा प्रत्येक खोजी और अविष्कारक ने पहले से कुछ नया कर दिखाया. अपने अनुभव से असंभव को संभव कर दिखाया.

10. कल्पना एक प्लास्टिक शक्ति है, जो बुद्धि के विचारों को नई शक्ल प्रदान करती है.

11. यह स्वयं में एक रचनात्मक विचार है जो हर रचनात्मक कार्य से पहले प्रकट होता है.

12. एक बिल्डर, आर्किटेक्ट से नक्शा प्राप्त करने के बाद ही उस पर कार्य करके अपनी इमारत खड़ी करता है. आर्किटेक्ट यह कार्य अपनी कल्पना से करता है.

13. एक बड़ी इंडस्ट्री को खड़ा करने के लिए, जिसमें सैकड़ों छोटे उद्योग शामिल होते हैं तथा हजारों लोग नौकरी करते हैं जिसमें करोड़ों रुपए का निवेश किया जाता है. सर्वप्रथम मानसिक तौर पर ढाँचा तैयार करते हैं. भौतिक दुनिया की वस्तुएँ एक कुम्हार के हाथ की मिट्टी की तरह हैं. एक मास्टर दिमाग इससे असली वस्तुएँ तैयार कर देता है. यह कार्य सिर्फ कल्पना शक्ति से संभव हो पाता है. कल्पना शक्ति से लाभ उठाने के लिए, निरंतर अभ्यासजरूरी है. इससे शारीरिक की तरह मानसिक तंतु भी मजबूत हो जाते हैं. इसे भी वृद्धि के लिए लगातार खुराक मिलती रहनी चाहिए.

14. कल्पनाओं को कामनाओं से मत जोड़िए. वह तो मात्र दिन में स्वप्न देखना हुआ. उससे व्यक्ति का मानसिक सर्वनाश हो जाता है.

15. रचनात्मक कल्पना का अर्थ, मानसिक मेहनत है. यह काफी कठिन है. पर इसे करने पर व्यक्ति महान उद्देश्यों की प्राप्ति करता है. किसी भी जीवन के उद्देश्य को प्राप्ति करता है. किसी भी जीवन के उद्देश्य को पूरा करने के लिए, विचार शक्ति को बढ़ाना होगा तभी वे सपने सच होंगे.

16. मानव दिमाग ही एक मात्र रचनात्मक नियम है जो सर्वशक्तिमान, सर्वव्यापक तथा सर्वोत्तम है. इसी का उपयोग करके

आप सर्वशक्तिमान से नाता जोड़ सकते हैं, इस लिए सही दिशा में कदम उठाओ.

17. अब स्वयं को, इस शक्ति को पाने के लिए तैयार करो. चूंकि यह सर्वव्यापक है हर स्थान पर मौजूद है, तो यह आप में भी मौजूद है. ऐसा इसलिए है, क्योंकि हम जानते है, कि प्रत्येक शक्ति हमारे अंदर है पर इसे ढूँढ कर, बढ़ाना पड़ता है. यह कार्य अभ्यास द्वारा संभव है.

18. आकर्षण का नियम, बिना गलती किए, आपकी आवश्यकता के अनुसार, वे सभी परिस्थितियाँ, माहौल, अनुभव पैदा करेगा, जो आपके उद्देश्यों की पूर्ति में सहायक होंगे. ऐसा एक बार करना काफी नहीं होगा बल्कि आपको अपना मानसिक व्यवहार इसी के अनुसार ढालना होगा.

19. कमजोर, बुरे, नकारात्मक विचारों को सारा दिन पालकर, 10 मिनट के लिए मजबूत, रचनात्मक विचार सोचने से सुंदर, सकारात्मक स्थितियाँ नहीं पैदा हो सकती.

20. असली शक्ति अंदर से ही संभव है. सभी शक्तियाँ जिन्हें कोई भी व्यक्ति इस्तेमाल कर सकता है, व्यक्ति के अंदर मौजूद है. आवश्यकता सर्वप्रथम इसे पहचानने की है. फिर इसके बाद इसे कर सकता है, व्यक्ति के अंदर मौजूद है. आवश्यकता सर्वप्रथम इसे पहचानने की है. फिर इसके बाद इसे अपनाना होगा. अपनी सचेतता से इस पर कार्य करके, इसे अपने जीवन का एक भाग बनाना होगा.

21. लोग अपनी जिंदगी में सभी कुछ पाना चाहते हैं पर अगर वे ऐसा करना चाहते हैं तो खाली सोचने से क्या होगा ? प्रतिदिन

के कार्यों से (जैसे उठना-बैठना, अच्छा खाना आदि) से यह संभव नहीं होगा. पर जब व्यक्ति जिंदगी को स्पष्ट निगाहों से देखेगा, तब उसे सभी शक्तियों का रहस्य समझ में आ जाएगा. सत्य को पहचानो तथा उसे अपने जीवन में स्थान दो, साहस स्वयं मिल जाएगा.

22. सभी प्रकार की गलतियाँ अज्ञानता से होती हैं. ज्ञान के बढ़ने से शक्तियाँ बढ़ती जाती हैं, इसीसे व्यक्ति की वृद्धि हो पाती है. ज्ञान को जानना, बढ़ाना, दिखाना ही शक्ति के अंग है. यह शक्ति आध्यात्मिक शक्ति है प्रत्येक मानव-मात्र के हृदय में मौजूद है यही विश्व का सार भी है.

23. इंसान की जानने, विचार करने की इच्छा का नतीजा ज्ञान है. विचार ही, वह कारण हैं. जिनसे मानव ने सचेत होकर अपनी वृद्धि व विकास किया. जब व्यक्ति अपने विचारों की वृद्धि करना बंद कर देता है, तो उसकी शक्तियाँ बिखरनी शुरू हो जाती हैं, इन बदलती हुई स्थितियों का असर उस के व्यक्तित्व पर भी पड़ता है.

24. सफल व्यक्ति, जो भी पाना चाहते हैं, उसी कर्म को अपना धर्म बना लेते हैं. अपने लक्ष्य को सदा ध्यान में रखते हुए, वे अपने जीवन की गति निर्धारित करते हैं. विचारों से अपने लक्ष्य निर्धारित करते हैं तथा कल्पनाओं से उन पर मानसिक कार्य करते हैं. मस्तिष्क ही वह सदा कार्यरत् शक्ति है, जिससे वे अपने लिए आवश्यक सभी सामान एवं परिस्थितियाँ जुटा लेते हैं. अत: कल्पनाओं से सभी महान आदर्श निकले हैं.

25. अगर आप अपने लक्ष्यों से जुड़े रहोगे तो परिस्थितियों

की अनुकूलता का आभास आपको स्वत: ही हो जाएगा और इसका नतीजा भी बिल्कुल आपके अनुसार ही होगा. वास्तव में पूर्व निर्धारित आदर्शों से ही, पूरे होने की स्थिति एवं संभावनाएँ निश्चित होती है.

26. इसलिए अपने संपूर्ण अस्तित्व में शक्ति लाने के लिए, तन-मन-धन से जोर लगाओ ऐसा करने से आप स्वयं को तमाम खतरों से बचा कर, आकर्षक जिंदगी जिओगे. तभी आप एक शक्तिशाली व्यक्तित्व बना लोगे जिसकी तरफ सभी प्रकार की शक्तियाँ स्वत: ही आकर्षित होंगी.

27. यही सामान्य चेतनता के धीरे-धीरे विकास को बढ़वा देने का कारण भी है. यही आस-पास फैली अशांतिकारक स्थितियों के लिए जिम्मेदार है.

28. पिछले भाग में आपने एक मानसिक छवि बनाई. इस छवि को आपने अपनी कल्पना से साक्षात में बदला. इस सप्ताह आप कोई एक वस्तु लेकर उस पर ध्यान केन्द्रित करो. ऐसा करने से आपकी कल्पना शक्ति का विकास होगा. आपकी समझ स्थितियों को आँकने की क्षमता, बुद्धिक्षमता का विकास होगा. ये सभी मानवीय विशेषताएँ स्थितियों के ऊपरी निरीक्षण से नहीं आती हैं बल्कि वास्तविक परिस्थिति के बारीकी से निरीक्षण द्वारा आती है.

29. सिर्फ कुछ ही लोग यह समझते हैं, कि वे सिर्फ प्रभाव देख रहे हैं, इन प्रभावी के पीछे छिपे कारणों को समझ रहे हैं.

30. पहले की तरह की स्थिति में बैठो और एक लड़ाकू जहाज की कल्पना करो. यह जहाज समुद्र की छाती चीरता हुआ बढ़ता

जा रहा है. इससे आस-पास बाकी सब शांत है. आप जानते हैं कि जहाज का अधिकांश हिस्सा पानी के नीचे कार्यकर रहा है, जो नजर नहीं आ रहा. यह जहाज एक बीस-मंजिली इमारत की तरह भारी है जिस पर सैंकड़ों व्यक्ति दिन-रात कार्य कर रहे हैं. प्रत्येक विभाग पढ़े-लिखे, योग्य एवं जिम्मेदार अफसरों के नियंत्रण में है जो इस विशाल मशीनरी को कंट्रोल कर रहे हैं. आप यह भी जानते हैं कि बाकी दुनिया की नजर से यह छुपा हुआ है, उनकी सीधी दृष्रिट इस पर नहीं पड़ती जबकि इसकी नजरें मीलों दूर तक नजर रखती हैं. इसकी तीक्ष्ण नजरों से कुछ भी बचकर नहीं जा सकता. वैसे तो यह, शांत मासूम, निरीह नजर आता है, पर जरूरत पड़ने पर यह हजारों मील दूर दुश्मन पर जानलेवा हमला कर उसे खत्मकर सकता है. इस कार्य में इसे कोई विशेष अभ्यास भी नहीं करना पड़ेगा. अब जरा सोचिए कि यह लड़ाकू जहाज कहाँ से अस्तित्व में आया और अपनी वर्तमान स्थिति तक कैसे पहुँचा? यही सभी बातें आप तभी समझ सकते हैं जब आप सावधानीपूर्वक इस की जाँच करोगे.

31. हजारो आदमी फैक्टरियों में कार्य करके भारी मशीनें तैयार करते हैं. जमीन से कच्चा लोहा निकालकर उसे ढोकर लाया जाता है. फिर इसे पिघलाते हैं. आर्किटेक्ट तथा इंजीनियर फिर इससे जहाज के पुर्जे बनाते है. पर जरा सोचिए यह जहाज किस के आदेशों पर बनाया गया. यह आर्किटेक्ट के दिमाग का एक विचार था जो कोशिशो से अस्तित्व में आया. इसके निर्माण के लिए आदेश शायद मंत्रालय से मिले होंगें. इस की योजना इस लड़ाई से बहुत पहले बना ली गई होगी. इसे बनाने में आने वाले खर्च पर संसद में बिल आया होगा, जिस पर असहमति भी हुई होगी. इन सभी परिस्थितियों से निकल कर इसका निर्माण हुआ है. अब स्वयं

को इस परिस्थिति में रखो. हमारे विचारों में ही यह निर्माण शुरू होते हैं, उनमें आपस में जिरह भी होती है तथा उसी में अच्छे-बुरे नतीजे निकल कर आते हैं. अगर किसी ने यह नियम नहीं विचारा होता कि इतना बड़ा लोहे का भंडार पानी पर तैरता रहेगा, डूबेगा नहीं, तो यह जहाज बना ही न होता.

32. पानी पर तैरने के नियम की खोज होने से समुद्री यात्राओं, व्यापार तथा युद्ध के तरीके बदल गए. इसी नियम के कारण लड़ाकू जहाज, मालवाहक जहाज बन पाए.

33. यह सभी अभ्यास अमूल्य हैं. जब इस विचार की कल्पना की गई, इससे पहले के सभी विचार बदल गए. अमहत्वपूर्ण महत्वपूर्ण हो गया. जिन चीजों का पहले कोई महत्व नहीं था वे अचानक महत्वपूर्ण बन गई.

आज को देखो.
यही जिंदगी है.
इसी के छोटे से रास्ते में बिखरा हुआ हैं-
सत्य और आपका अस्तित्व
यही वृद्धि का साधन है,
यही कार्यों की भव्यता है.
चूंकी कल एक सपने की तरह समाप्त हो चुका,
आने वाला कल भी अभी एक सपना ही है
जिसमें कुछ भी स्पष्ट नहीं है.
पर अगर वर्तमान अच्छा है,
उत्तम है तो प्रत्येक भूत

एक खुशी का सपना बन जाता है और
भविष्य आशा की किरण बन कर अपने रंग बिखेरता है.
इसलिए वर्तमान मे जियो.

संस्कृत से उद्धृत –

▶ अभ्यास प्रश्न उत्तर सहित

71. कल्पनाएँ क्या हैं?

रचनात्मक विचारों की श्रृंखला. वे प्रकाश की किरणें जिनसे हम, विचारों की दुनिया में गोते लगाते हैं तथा नए अनुभव पाते हैं. ये वे शक्तिशाली यंत्र हैं जिनके द्वारा प्रत्येक अविष्कारक ने पुरानी चीजों ने नए अनुभव प्राप्त किए हैं.

72. कल्पनाओं की नतीजा क्या है?

कल्पनाओं की उड़ान से, व्यक्ति अपने आदर्शों को विकसित करता है, अपने भविष्य की नई छवि बनाता है.

73. इनका विकास कैसे किया जाए?

अभ्यास द्वारा, इसे अभ्यास द्वारा लगातार बढ़ाना चाहिए, अन्यथा ये समाप्त हो जाएँगीं.

74. इसमें और दिन में सपने देखने में क्या अंतर है?

दिन में सपने देखना एक मानसिक रोग है. जबकि कल्पनाएँ करना एक रचनात्मक विचार हैं जो हर रचनात्मक कार्य से पहले आता है.

75. गलतियाँ क्यों होती हैं?

अज्ञानता के कारण.

76. ज्ञान क्या है?

मानव की विचार करने की योग्यता से उसे ज्ञान प्राप्त होता है.

77. सफल व्यक्ति किन शक्तियों के स्वामी होते हैं?

मस्तिष्क ऐसी जबरदस्त शक्ति है जिसके द्वारा अपनी योजनाओं पर कार्य करके वे अपने अनुरूप परिस्थितियाँ पैदा कर लेते हैं तथा अपने उद्देश्यों में सफल होते हैं.

78. नतीजे किससे प्रभावित होते हैं?

अगर उद्देश्यों को सदा ध्यान में रखा जाए तो उसकी पूर्ति के लिए आवश्यक स्थितियाँ स्वत: आकर्षित हो जाती हैं.

79. ध्यानपूर्वक किए गए निरीक्षणों का क्या नतीजा होता है?

इससे कल्पनाएँ, समझ, बुद्धि का विकास होता है.

80. इसका क्या असर होता है ?

जीवन-लक्ष्यों की पूर्ति, संपदा, सहभागिता की प्राप्ति होती है.

परिचय - भाग नौ

इस भाग में आप वे तरीके सीखेंगे जिनसे आप स्वंय के लिए वांछित स्थितियाँ पैदा कर सको. स्थितियों को बदलने से पहले स्वंय को बदलना जरूरी है. अपनी इच्छाएँ, आशाएँ, उम्मीदें, इन सभी को शायद हर कदम पर रूकावटों का सामना करना पड़े, पर आपके अंदरूनी विचार अपने आप को व्यक्त अवश्य करेगें वैसे ही जैसे बीज से स्वंय ही पौधा निकलने लगता है.

फिर वांछित परिवर्तन कैसे लाया जा सकता है. उत्तर है वृद्धि के नियम द्वारा. भौतिक वस्तुओं की दुनिया की तरह, विचारों की दुनिया में कारण तथा प्रभाव पूरी तरह कायम हैं. अपने दिमाग में इच्छित परिस्थितियों का ध्यान करो, उन्हें एक पूर्व-उपस्थित तथ्य की तरह पक्का करो. इससे उनका मूल्य बढ़ेगा. बार-बार दोहराने से ये हमारा हिस्सा बन जाएँगें. हम वास्तव में स्वंय में परिवर्तन ला रहे हैं जो चाहते हैं, वही बन रहे हैं.

चरित्र एक अचानक बनी हुई वस्तु नहीं है बल्कि यह लगातार कोशिशों का नतीजा है. अगर आप डरपोक हैं, चुनौतियों से घबराते हैं या फिर व्यर्थ की चिंताएँ करते हैं, हर समय भय, खतरे के डर से भरी भावनाओं से घिरे रहते हैं तो ध्यान रखो, 'एक समय पर एक स्थान पर, दो बाते नहीं हो सकती हैं, बिल्कुल यही बात मानसिक तथा आध्यात्मिक दुनिया के लिए भी सही है. तो आप के लिए सही तरीका क्या है - भय, कमी, सीमितता के स्थान पर साहस, शक्ति, आत्म निर्भरता, स्वावलंबन की भावनाओं को बढ़ावा दो.

इसका सबसे सरल तथा प्राकृतिक तरीका है अपने लिए ऐसा उदाहरण चुनो

जो आपके केस में पूरी तरह फिट हो जाए. जैसे रोशनी से अंधकार का नाश हो जाता है, वैसे दिमाग में सकारात्मक विचारों के आने से नकारात्मक का नाश हो जाएगा. इस का नतीजा भी पूर्णतः प्रभावशाली होगा.

विचारों की परिणति कार्यों के रूप में होती है, जिसका नतीजा उससे पैदा होनेवाली स्थितियाँ हैं. इससे लगातार आपके कब्जे में वे उपकरण आ जाएँगे जिनसे आप अपनी किस्मत बिगाड़ या संवार सकते हैं, खुशी पा सकते हैं या दुखों के समुद्र में डूबे रह सकते हैं.

भाग

नौ

1. व्यक्ति बाहरी दुनिया में सामान्यत: तीन वस्तुओं की कामना करता है, ये तीनों ही हमें अंदरूनी दुनिया में मिल सकती हैं. जरूरत सिर्फ उचित तरीका अपनाने की है. स्वंय को उस सर्वशक्तिमान की शक्ति से जोड़ो.

2. व्यक्ति इस संसार में सेहत, धन तथा प्यार पाना चाहता है, इसीसे उसका पूरा विकास संभव है. सर्वप्रथम अच्छी सेहत का होना जरूरी है अच्छी सेहत के बिना कोई भी प्रसन्न नहीं रह सकता. जीवन यापन के लिए धन का होना भी जरूरी है, कम से कम जरूरी कार्य न रुके, ऐसा होना चाहिए. इस विषय में हर व्यक्ति की सीमा अलग-अलग है. प्रकृति सभी के लिए असीमित रूप से साधन उपलब्ध कराती है. हमें यह समझना चाहिए कि इसमें अगर कहीं कम-ज्यादा है तो उसका कारण वितरण के तरीके का सही न होना है.

3. कुछ व्यक्ति जीने के लिए प्यार को पहली जरूरी वस्तु समझते हैं, कुछ तीसरी. पर जिनके पास भी ये तीनों चीजें मौजूद हैं, वे स्वंय को संपूर्ण मानते हैं.

4. हमें समझ आ गया विश्व में पूर्ण सेहत, धन तथा प्यार

पाना ही व्यक्ति के जीवन का लक्ष्य है. हम अपने सोचने के तरीके से, परमात्मा की असीमित पूर्ति में से, अपनी माँग की पूर्ति कर सकते हैं. इसे पाने के लिए सही सोच, सही दिशा में होनी चाहिए अत: 'उच्चतम के रहस्यजनक स्थान' में प्रवेश करो.

5. यह हमें अपनी चाही हुई चीजों को पाने का तरीका बताने वाली मशीनरी है. यही वह जादुई चाबी है जो अलादीन के लैम्प की तरह आपकी सभी जरूरतें पूरी करेगी. अगर आप चाहो तो समझ लो कि यह अच्छे रहने की सर्वोत्तम स्थिति है, आधार है.

6. बिल्कुल सही तरीके से विचार करने के लिए हमें सत्य को जानना जरूरी है. प्रत्येक सामाजिक संबंध या व्यापार का आधार सत्य ही है. सत्य स्वंय में एक ही होता है. इसे पूरी तरह जानने के लिए, साहसी बनने के लिए, इसकी तुलना किसी भी अन्य वस्तु से नहीं की जानी चाहिए. शक, संघर्ष तथा खतरों से भरी इस दुनिया में केवल यही एक मात्र सुरक्षित स्थान है.

7. सत्य को जानने का अर्थ है असीमित तथा सर्वशक्तिशाली की शक्ति का भाग बनना. इसलिए, सत्य को जानने के लिए स्वंय को उससे जोड़ो. इससे आपके बाकी सभी शक, गलतियाँ, असहयोग समाप्त हो जाएँगे, क्योंकि सत्य की शक्ति के आगे किसी का वश नहीं चलता.

8. कोई भी बुद्धिमान व्यक्ति, सत्य पर आधारित किसी भी कार्य का नतीजा तुरंत बता देगा. पर एक शक्तिशाली, ताकतवर व्यक्ति, जिसकी आशाएँ झूठ पर आधारित होती है, नतीजों के प्रति उसी तरीके से आशावान् नहीं हो सकता.

9. जो भी कार्य सत्य पर आधारित नहीं होते हैं चाहे अज्ञानता के कारण हों या न हो, उनका नतीजा सही कभी नहीं होता. अंततः उनसे व्यक्ति में कुछ न कुछ कमी आ ही जाती है.

10. तब उस असीमित से जुड़ कर, सत्य को जानने के लिए, पाने के लिए क्या तरीका अपनाया जाए ?

11. सत्य इस विश्वव्यापी दिमाग का महत्वपूर्ण, अभिन्न भाग है तथा उसी की तरह सर्वत्र व्याप्त है. जैसे कि, अगर आप अच्छी सेहत चाहते हो, तो अहसास करो कि आप में व्याप्त 'मैं' आध्यात्मिक है एवं सभी आत्माएँ एक में ही समाहित है, इसलिए उसी 'एक' का हिस्सा होने के कारण आप उसी के जैसी सेहत प्राप्त करोगे. यदि आप बीमारियाँ देखोगे तो बीमारियाँ ही पाओगे. उत्तमता देखोगे तो उत्तमता ही पाओगे. मैं पूर्ण सर्वोत्तम, शक्तिशाली, प्यारभरा, खुश इंसान बनूँ और रहूँ, यह भावना ऐसा ही नतीजा भी देगी. ऐसा इसलिए है क्योंकि जो धारणा बनाकर चलते हो, वही सत्य हो जाती है और जब सत्य सामने आता है, तो अन्य प्रकार की गलतियाँ या असहमतियाँ समाप्त हो जाती हैं.

12. आपको पता है, कि 'मैं' आध्यात्मिक होता है, तब इसे सदा सर्वोत्तम ही होना चाहिए. यह एक वैज्ञानिक विचार है.

13. विचार एक आध्यात्मिक क्रिया है तथा मन रचनात्मक होता है. इसलिए इस विचार को दिमाग में रखने से, इसके लिए आवश्यक स्थितियाँ स्वतः आ जाती हैं.

14. अगर आपको धनी बनना है, तो जान लो, आप में मौजूद, 'मैं' आपके ही लिए आकर्षण का नियम लागू करेगा जिसके ऐसी शक्तियाँ आपके अधीन आ जाएँगी जो आप को सफलता

दिलाएँगी. वे आपके लिए जरूरी, शक्तिशाली तथा प्रभावपूर्ण परिस्थितियाँ पैदा करेंगी.

15. आपको आकर्षण के नियम के लिए भविष्य को विचारना होगा. यह प्रक्रिया भविष्य देखने से अलग है. भविष्य देखना एक भौतिक प्रक्रिया है. यह बाहरी दुनिया से संबंध रखती है. परंतु कल्पनाएँ एक अलग दुनिया को जन्म देती है. अतः यह अंदरूनी दुनिया से संबंध रखती है. चूंकि यह महत्वपूर्ण है अतः यह वृद्धि भी करेगा. जो वस्तुएँ, जो लक्ष्य निर्धारित किए गए हैं, वे अवश्य पूरे होंगे. यह सारा तंत्र उस महान आर्किटेक्ट के द्वारा नियंत्रित है अतः यह मशीनरी बिल्कुल ठीक चलेगी. महान सर्वव्यापी के सभी कार्य बिल्कुल ठीक होते हैं. कभी कभार दुर्भाग्य से इन्हें चलाने वाले व्यक्ति समर्थ न होने कारण, उनकी सक्षमता में कमी के कारण कुछ काम बिगड़ भी जाते हैं. परंतु यकीन रखिए, अभ्यास तथा पक्के इरादे से इस कमी पर काबू पाया जा सकता है.

16. अगर आपको प्यार की तलाश है तो यह समझ लो, कि प्यार देने से बढ़ता है. जितना अधिक आप दोगे, उतना ही वापिस पाओगे आप जितना स्वंय को दूसरों के लिए प्यार से भरोगे, उतना ही अधिक दे पाओगे. स्वंय को एक चुम्बक की तरह बना लो, जिसकी तरफ सभी खिंचे चले आते हैं. यह तरीका एक अन्य पाठ में भी समझाया गया है.

17. जिस व्यक्ति ने जिंदगी की छोटी–छोटी बातों से जीवन के सत्य को जोड़ लिया, उसने अपने जीवन की सभी समस्याओं का हल ढूँढ लिया है. व्यक्ति को सदा तैयार होना चाहिए. उसे विचारपूर्ण होना चाहिए. महान विचारों, घटनाओं प्राकृतिक वस्तुओं

तथा महान व्यक्तियों की जीवनियों को स्वंय में आत्मसात् करना चाहिए अर्थात् इन सबसे प्रेरणा लेनी चाहिए. उदाहरणत: लिंकन के पास जो भी लोग आते थे, वे उससे प्रभावित होते थे. बड़ी चीज, महान उद्देश्य को देखकर स्वंय में महान, बड़ा बनने की इच्छा जागती है. यह शाश्वत सत्य है.

18. कभी-कभार जिस व्यक्ति ने अपनी जिंदगी में इन नियमों को वास्तविक तौर पर उतारा है, उस से भी हमें प्रेरणा मिलती है. फ्रेडरिक एड्रयू के एक पत्र से यह उदाहरण समझिए -

19. जब मैं लगभग तेरह वर्ष का था, डा.टी. डब्ल्यू. मारसी (जो अब मर चुके हैं) ने मेरी माँ से कहा, ''मैंने पूरी कोशिश करने के बावजूद, अपने बच्चे को इन्हीं परिस्थितियों, में खो दिया था. इन विशेष केसों की जाँच करने के बाद मुझे इसके ठीक होने की कोई संभावना नहीं नजर आती.

20. माँ ने डा. से पूछा, ''अगर यह आपका अपना बच्चा होता, तब आप क्या करते ?'' डा. ने कहा, ''मैं इसकी अंतिम साँस तक इसे बचाने की कोशिश करता.''

21. यहीं से एक लंबी लड़ाई आरंभ हई. जिस में कई उतार-चढ़ाव आए. कोई इलाज न होते हुए भी डाक्टरों ने हमारा उत्साह बनाए रखा तथा हर संभव इलाज किया.

22. अंत में जीत हाथ लगी. मैं एक बीमार, कमजोर, झुके हुए, मुड़े हुए, अपने हाथों घुटनों पर चलने वाले के स्थान पर मजबूत, सीधे, ताकतवर आदमी के रूप में बड़ा हो गया.

23. अब आप इसका फार्मूला जानना चाहते होगें. मैं आपको

इसके विषय में शीघ्रता पूर्वक बताता हूँ.

24. मैंने स्वंय के लिए एक लक्ष्य बनाया. जिन गुणों को स्वंय के लिए चाहता था जिन गुणों की मुझे सर्वाधिक आवश्यकता थी, मैंने उन्हें बार-बार स्वंय से कहा, "मैं मजबूत, शक्तिशाली, प्यारभरा, खुश, पूर्ण हूँ." इस तथ्य को न बदलते हुए स्वंय से सदा दोहराता रहा. सुबह-शाम मेरे होठों पर यही बात रही.

25. न केवल स्वंय के लिए, बल्कि और भी मेरे जैसे लोग, जिन्हें इसकी जरूरत थी. यह बात मैं और जोर देकर समझाना चाहता हूँ. जो अपने लिए चाहते हो, वैसा ही दूसरों के लिए भी चाहो, तब यह दोनों की मदद करेगा. जो हम बोते हैं, वही हम पाते हैं. अगर हम प्यार-सहानुभूति-सेहत से भरे विचार दूसरों के लिए सोचेंगे तो वही भावनाएँ स्वंय के लिए भी पाएँगें. पर अगर डर, चिंता, ईर्ष्या, क्रोध, घृणा आदि से भरे हुए विचार भेजेंगे, तो अपनी जिंदगी में भी इसी सब की भरमार पाएँगे.

26. ऐसा माना गया है कि व्यक्ति हर सात वर्षों में पूरी तरह बदल जाता है पर कुछ वैज्ञानिकों का यह मानना है, कि हम स्वंय को प्रत्येक ग्यारह महीनों में बदल लेते हैं. अगर यही कमियाँ साल-दर-साल जमा होती रहीं तो, फिर इस में हमारे अलावा किसी और की गलती नहीं है.

27. व्यक्ति वही बन जाता है, जो वह अपने विचारों में चाहता है. अतः प्रश्न यह उठता है, कि हम सदा अपने विचारों में केवल अच्छी बातों को कैसे स्थान दें, बुरी बातों को कैसे नकारें ? आरंभ में, बुरी भावनाओं को आने से रोका नहीं जा सकता पर उनकी तरफ

ध्यान देने की जरूरत नहीं. उन्हें भूल जाईये. उनके होने न होने की तरफ ध्यान ही मत दो. उन्हें भूलने के लिए किसी अच्छी बात का उदाहरण सामने रखो.

28. जब भी कभी ये बुरी भावनाएँ सिर उठाएँ अपने आदर्श उदाहरण को ध्यान में लाओ बिल्कुल वैसे ही जैसे अंधेरे को प्रकाश से जीता जा सकता है, सरदी को गरमाहट से. बुराई को अच्छाई से जीता जा सकता है. फ्रेडरिक ई. एंड्रयू, ''मैंने स्वंय के लिए किसी चीज को नहीं नकारा, मात्र अच्छी बात को याद रखा, बुराई स्वंय गायब हो गई.

29. इस बात में किसी और सुधार या किसी और बात की गुंजाइश नहीं है. इसे जैसा है, वैसा ही स्वीकारो जब तक कि यह आपकी अर्ध-चेतना का हिस्सा न बन जाए. इससे आप इस गुण को कहीं भी उपयोग कर पाओगे. आध्यात्मिक तरीकों की यही खास बात है, ये सदा व्यक्ति के साथ रहते हैं. आवश्यकता सिर्फ वक्त आने पर इन्हें पूरी तरह पहचान कर, उपयोग करने की है. तभी आप इसका सदुपयोग करके इससे लाभ उठा पाओगे.

30. अगर हमारा पिछला व्यवहार शक्ति, साहस, दया और सहानुभूति से भरा है तो हमारा माहौल इसके विपरित स्थितियों को नकार देगा. पर अगर हमारे विचार कमजोर, आलोचनात्मक, ईर्ष्यापूर्ण तथा खतरनाक होंगे तो हमारा माहौल भी इन्हीं विचारों का ही दर्पण होगा.

31. विचार ही कारण है तथा स्थितियाँ उनका प्रभाव है. इसी में सभी अच्छी-बुरी विचार-धाराओं का मूल छुपा है. यही सत्य आकर्षण के नियम से पता चलता है. इसी नियम के चलते, कारण

तथा उनके प्रभाव जन्म लेते हैं. यही आरंभ तथा यही अंत है. इसी नियम के कारण हर काल, हर समय पर लोगों ने प्रार्थना की शक्ति को माना तथा पहचाना है. 'जैसा विश्वास रखोगे, वैसा ही बन पाओगे, यह इस सारी बात को समझाने का आसान तरीका है.

32. इस सप्ताह एक पौधे या फूल, जिसे आप बहुत पसंद करते हो, उसे अपनी कल्पनाओं में लाओ. छोटासा बीज बोकर, उसे पानी दो इसकी देखभाल करो, इसे सूर्य की किरणों की दिशा में रखो, इससे पौधे को जन्मते हुए देखो. अब यह एक जीवित तत्व है जो अपने अस्तित्व के लिए खोज कर रहा है. इसकी जड़ों को भूमि में फैलते हुए देखो वे सजीव वस्तुएँ हैं अतः लगातार बढ़ती हैं प्रत्येक सैल स्वंय में पूर्ण है. उसे पता है, अपनी जरूरत तथा उसे पाने का रास्ता. तने को बढ़ते हुए देखो. आप पाओगे, प्रत्येक शाखा बिल्कुल उचित तरीके से बढ़ रही है. इसी में से छोटी तनियाँ निकलती हुई देखो, कैसे कली आती है और फिर उसमें से आपका प्रिय फूल प्रकट होता है. और इस समय अगर आपका पूरा ध्यान इस पर है तो आप उस की गंध भी महसूस कर पाओगे. अपनी कल्पना की उस सुंदर रचना को हवा के झोंके के साथ लहराता हुआ पाओगे.

33. जब आप इस पूरी प्रक्रिया को अपनी कल्पना में साकार कर पाओगे तो आप उसे स्वंय में समा लोगे. यह आपके बिल्कुल नजदीक आ जाएगी. आप इसी तरीके से किसी भी विषय पर, ध्यान लगाना सीख जाओगे. चाहे वह कोई भी विषय क्यों न हो, सेहत फूल, कोई आदर्श या जिंदगी की कोई अन्य समस्या.

34. जीवन में कोई भी सफलता पाई जा सकती है आवश्यकता है अपने उद्देश्य पर लगातार ध्यान देने की.

▶ अभ्यास प्रश्न उत्तर सहित

81. सभी प्रकार की उत्तमताओं की आवश्यक शर्त क्या है?
स्वस्थ होना.

82. सही कार्य करने के लिए क्या होना जरूरी है?
सही विचार करना.

83. प्रत्येक व्यापारिक सौदे या सामाजिक संबंध को ठीक-ठाक चलाने के लिए जरूरी क्या है ?
सत्य का आधार होना.

84. सत्य की जानकारी का क्या परिणाम होता है ?
सत्य पर आधारित, किसी भी कार्य का परिणाम भी सत्य तथा उचित होता है. अत: उसे पहले जो जाना जा सकता है.

85. झूठ पर आधारित कार्य का नतीजा क्या होता है
ऐसे कार्यों के पूर्व परिणाम की कल्पना नहीं की जा सकती. उन्हें सही रूप में आँका नहीं जा सकता.

86. सत्य को कैसे जाना जाएँ ?
इस विश्व का सबसे महत्वपूर्ण तथा एक मात्र सर्वव्यापक

तथ्य, सत्य ही है. इस तथ्य को समझने से सब कुछ संभव है.

87. सत्य की प्रकृति क्या है ?

यह आध्यात्मिक होता है.

88. प्रत्येक समस्या का निदान करने का क्या तरीका है?

आध्यात्मिक सत्य की मदद से उसे हल करना.

89. आध्यात्मिक तरीकों का विशेष लाभ क्या है ?

ये सदा, सर्वत्र मौजूद होते हैं.

90. इसके लिए क्या आवश्यक है ?

आध्यात्मिक शक्ति के सर्वशक्तिमान् होने के रहस्य को समझना. इसके लाभदायक असर से अपनी जिंदगी में फायदा उठाना.

ए.बी. एल्कॉट,

"विचार ही जीवन हैं, जो ऐसा नहीं सोचते हैं, वे निम्न कोटि का जीवन यापन कर रहे हैं. विचार करने से ही मानव का जीवन पूर्ण होता है."

परिचय - भाग दस

अगर आप को पिछले भाग के विचार पूरी तरह समझ आ गए हैं तो यह भी समझ लीजिए कि एक निश्चित कारण के बिना, निश्चित उद्देश्य के बिना जीवन में कुछ भी संभव नहीं है. निश्चित उद्देश्य होने पर आप उसका पूरा ज्ञान प्राप्त करते हो, तथा फिर उसी के अनुसार, इसे पूरा करने की अपनी योजना बनाते हो. तब आप यह भी जान जाते हो, कि इस स्थिति के लिए कौन-सी आवश्यक चीजे और होनी चाहिएँ? ऐसा होने पर, पहले से ही व्यक्ति अपनी जीत निश्चित कर लेता है.

साधारण व्यक्ति, अपनी भावनाओं के अधीन होकर काम करते हैं, वे अपने कार्यों के लिए अधिक सोच-विचार भी नहीं करते. अगर, मान लो, किसी व्यक्ति को बिजनेस में कुछ नुकसान हो गया है, तो वह इसके लिए भाग्य को दोष देता है. अगर कोई शख्स संगीत को पसंद नहीं करता है, तो वह इसे एक महँगा शौक बताता है. अगर कोई आदमी ऑफिस में ठीक से कार्य नही कर पाता है, तो वह स्वयं के लिए बाहर के कार्यों को ठीक बताता है. अगर किसी के मित्र नहीं हैं, तो वह कहता है कि वह अकेला ही ठीक है, उसका व्यक्तित्व किसी से मेल नहीं खाता.

कोई भी व्यक्ति अपनी समस्या का मूल कारण नहीं समझ पाता. वे यह समझ नहीं पाते हैं, कि प्रत्येक प्रभाव, किसी निश्चित कारण से उत्पन्न होता हैं. पर लोग, स्वयं के लिए, बहाने ढूँढ लेते हैं.

इसके विपरीत जो व्यक्ति समस्या का मूल कारण ढूँढ लेते हैं. वे फिर परिणाम से भी नहीं डरते हैं. वे सत्य की राह पर चलते हैं, चाहे यह राह

कितनी भी कठिन क्यों न हो. अपनी समस्या को समझ कर, उसकी जरूरी शर्तें पूरी करो कभी भी असफलता आपके हाथ नहीं लगेगी, चाहे वह दोस्ती हो, प्यार या कोई अन्य बात.

भाग

दस

1. विश्व में सब तरफ प्रचुर मात्रा में साधन फैले हैं. इस बात को हम भी जानते हैं. प्रकृति में आवश्यकता से कहीं ज्यादा, का खजाना है, जो अधिकतर यूँ ही पड़ा है. किसी भी ऐसी वस्तु में सीमितता का लक्षण नहीं है. पेड़-पौधे, पहाड़-झरने फूल आदि अनगिनत हैं. इन सभी का निर्माण पुन: निर्माण, अबाध गति से चलता रहता है. ये सभी बातें यह समझाती हैं कि प्रकृति मानव को देने के लिए आतुर है. मनुष्य इन साधनों से पूरी तरह लाभ नहीं उठा पा रहा है. अपने दिमाग की शक्ति, इन्हे पूरी तरह साथ नहीं दे पा रही है.

2. शक्ति से सभी प्रकार की संपदाएँ अर्जित की जाती हैं. साथ-साथ यह भी समझिए, किसी भी प्रकार की संपदा, चाहे भौतिक हो या शारीरिक, का महत्व इतना ही है कि वह हमें शक्तिप्रदान करती है. घटनाएँ भी इसलिए महत्वपूर्ण हैं, क्योंकि वे शक्ति पर प्रभाव डालती हैं. सभी प्रकार की घटनाओं तथा स्थितियों का शक्ति से संबंध होता है.

3. आप और हम, सभी यह बात समझते हैं, कि कारण तथा प्रभाव के नियम से बिजली, रसायन तथा गुरुत्वाकर्षण के नियम

चलते हैं. इसी के कारण व्यक्ति अपनी योजनाएँ बनाता तथा उन्हें भयहीन होकर लागू भी करता हैं. इन्हीं नियमों को प्राकृतिक नियम कहते हैं, भौतिक संसार इन्हीं नियमों से ही चलता है. इसके अलावा मानसिक, नैतिक तथा आध्यात्मिक शक्तियाँ भी अपना प्रभाव डालती हैं.

4. आध्यात्मिक शक्तियाँ इसमें से अधिक महत्वपूर्ण होती हैं, क्योंकि इन्हीं के द्वारा इंसान ने प्राकृतिक शक्ति को जानकर, उससे लाभ उठाना सीखा. इन्हीं के द्वारा इंसान ने समय तथा स्थान की कमियों पर काबू पाते हुए, गुरुत्वाकर्षण के सिद्धांत पर विजय पाई. यह नियम पूरी तरह से आध्यात्मिक संबंधों पर आधारित हैं हेनरी ड्रमंड के शब्दों में,

5. "भौतिक संसार में जो भी कुछ है, वह जैविक है या अजैविक हैं. खनिज क्षेत्र का, वनस्पति या जंतु क्षेत्र से कुछ भी बदलाव नहीं आया है. कोई रासायनिक बदलाव वातावरण में परिवर्तन या किसी भी प्रकार की वृद्धि इन सब में से एक भी परिवर्तन खनिज क्षेत्र में जरा सी भी जान नहीं डाल सकते.

6. इस निर्जीव दुनिया को, सजीव के साथ किसी प्रकार मिला कर के ही इसमें कुछ जान डाली जा सकती है, इसका महत्व बढ़ाया जा सकता है. यूँ कहिए अन्यथा ये सदा सर्वदा, यूँ ही, बिना उपयोग किए पडे रहेगे. हक्सले के अनुसार "जिंदगी से ही जिंदगी संभव हैं." टिडल के अनुसार, "मैं दावे के साथ कह सकता हूँ कि पिछली जिंदगी के बिना आज की जिंदगी का होना, संभव नहीं हो सकता था."

7. जीव-शास्त्र से जीवों की उत्पत्ति तथा विकास के नियम समझे जा सकते हैं. भौतिक विज्ञान से अजैविक तत्वों के विषय में जान सकते हैं. पर इन दोनों के आपसी आदान-प्रदान पर विज्ञान भी शांत है. यही तरीका प्राकृतिक तथा आध्यात्मिक दुनिया में भी लागू होता है, जो प्राकृतिक तौर से आदान-प्रदान हेतु बंद है. यह किसी भी प्रकार से खुल नहीं सकता.

8. पर जब पौधे की जड़े, नीचे जमीन में फैलती हैं तब निर्जीव मिट्टी में भी जान डाल देती हैं. इसी प्रकार सर्वव्यापी दिमाग जब व्यक्ति के दिमाग तक अपनी रोशनी पहुँचाता है तब इसे नए-नए ज्ञान, अचंभे से भरी बातों से भर देता है. प्रत्येक स्त्री-पुरुष, जिन्होंने जिंदगी में कभी भी, कुछ भी, पाया है, ऊँचाईयों को छुआ है, वह कार्य इसी के कारण संभव हो पाया है.

9. सीमित तथा असीमित के बीच, विचार ही जोड़ने का साधन है. असीमित अर्थात् परमात्मा और सीमित अर्थात् इंसान. जैसे कि हमने ऊपर एक उदाहरण में समझा-निर्जीव में जान, सजीव से संपर्क द्वारा ही डाली जा सकती है. इस प्रक्रिया में मदद करने के लिए, प्राकृतिक तौर पर अनेक उप-क्रियाएँ, एक माकूल माहौल तैयार कर देती हैं. इसमें फूल के निकलने तक, यह प्रक्रिया चलती रहती है.

10. इसी प्रकार, सर्वव्यापी दिमाग की प्रेरणा से वृद्धि के नियम लागू हो जाते हैं. चूंकि वह सर्वशक्तिमान तथा इस सृष्टि का रचियता है तो स्थितियाँ तथा माहौल हमारे विचारों की शक्ल स्वतः लेने लगते हैं.

11. विचार गतिमान ऊर्जा के सचेत, महत्वपूर्ण तरीके हैं. इनमें अपने उद्देश्य से जुड़ने की शक्ति होती है. ये स्वत: ही उस अदृश्य शक्ति से जुड़ जाते हैं और इस भौतिक दुनिया में कार्यरूप में प्रकट हो जाते हैं. इसी नियम के द्वारा सभी कार्य संचालित होते हैं. सृष्टि का निर्माण भी इसी नियम के तहत होता है. यही वह मास्टर चाबी है जिसके द्वारा आप अपने उद्देश्य को पा सकते हैं. यही विचार आपको अन्य लोगों से ऊँचा उठा सकता है. इस विचार को समझ कर आप कोई नियम बनाकर, उसकी स्थापना कर सकते हैं.

12. विश्वास मानिए, चाहे जो हो, पर ऐसा होकर ही रहेगा. सर्वव्याप्त आत्मा ने स्वयं के लिए ही इस विश्व को रचा है. हम उसी आत्मा के व्यक्तिगत अंश हैं, इसलिए बिल्कुल उसी की ही तरह कार्य करते हुए, वृद्धि पा सकते हैं.

13. यह कैसे संभव है ? इस आत्मा या दिमाग की रचनात्मक शक्ति को पहचानने पर ही, हमारी ऊर्जा टिकी है. पर इसे पारंपरिक वृद्धि के नियम से मत मिलाईये. जो वस्तुएँ इस भौतिक दुनिया में पहले से नहीं बनी हैं. उन्हें बनाना ही नई रचना कहलाएगा.

14. इस नियम के कारण, इस दुनिया में अनेक हैरत अंगेज संभावनाएँ हमारे समक्ष आती हैं. पर याद रखिए, हम इसे लक्ष्य तक पहुँचाने के साधन मात्र हैं, असली कर्ता तो वह ईश्वर है, जो हर प्राणी में मौजूद है. हमें सिर्फ उसके आदेशों को मानना है. ऐसा करने से दिमाग स्वत: कार्य करने लगेगा.

15. आज मनुष्य, भूल से यह समझने लगा है, कि वही बुद्धि का स्वामी है, जिस पर कार्य करके असीमित उसकी इच्छा पूर्ति कर देंगे. ऐसा नहीं है, सर्वशक्तिमान् प्रभु सिर्फ तरीके या साधन बताते

हैं, राह दिखाते हैं, पर उससे पहले हमारे पास पक्के उद्देश्य भी होने चाहिएँ.

16. हम जानते हैं, कि बिजली की अदृश्य शक्ति को नियंत्रित करके, हम अपने लाभ के लिए उसे अनगिनत तरीकों से इस्तेमाल करते हैं. सारे विश्व में संचार के साधन चलते हैं, मशीनें अपना काम करती हैं, सारा जग रोशनी से जगमगाता है, पर हमें यह भी पता है, कि अगर गलती से भी किसी नंगी तार को छू दिया, तो इसका नतीजा भयंकर भी हो सकता है. इसी प्रकार वास्तविक दुनिया में भी जीवन के नियमों को समझ न पाने का नतीजा खतरनाक हो सकता है. बहुत से लोग इस का परिणाम सारी जिंदगी भुगतते हैं.

17. कारण प्रभाव के नियम में से लेते हुए यह जानिए कि कारण का नियम, विपरीतता के नियम पर आधारित है. इसे मानते हुए, एक सर्किट बनाईये. अब इसे चलाने के लिए, इसकी बारीकी से जाँच करो.

18. यही नियम सारे विश्व में कार्यरत् है. समस्त प्रकृति चुपचाप इसी नियम से चल रही है. इसी के अंतर्गत कार्य करते हुए, वृद्धि कर रही है. यह वृद्धि मात्र सजीव वस्तुओं की ही होती है. जहाँ जिंदगी है, वहाँ सहयोगिता भी है. तो अब यह समझिए कि जिंदगी लगातार अपने लिए जरूरी स्थितियाँ तथा वस्तुओं को खींच लेती है.

19. अगर आपके विचार प्रकृति के रचनात्मक नियम के साथ सहमत हैं, तो यह असीमित दिमाग से भी सहमत होंगे. अब ये अपने लिए सर्किट बना लेंगे ये बेकार नहीं जाएँगे. अब दूसरी स्थिति पर विचार करते हैं. अगर विचार असीमित से सहमत नहीं, तो कोई

नियम नहीं लागू होगा तथा सर्किट भी नहीं बनेगा. यूँ समझिए कि एक मशीन लगातार बिजली उत्पन्न कर रही हैं, जिसे इस्तेमाल करने के लिए कोई सर्किट नहीं है तो धीरे-धीरे मशीन भी कार्य करना बंद कर देगी.

20. बिल्कुल ऐसा ही आपके साथ होता है. आपके विचारों से भी सर्किट न बन पाने पर, आप अकेले पड़ जाएँगे. ये विचार आपको चिपट कर परेशान करेंगे, बीमार कर देगें, यहाँ तक कि मरने की हालत में पहुँचा देंगे. इस बीमारी को डॉक्टर, ठीक प्रकार से समझ नहीं पाएँगे, गलत इलाज करेंगे तो यह ठीक नहीं होगी. पर ठीक कैसे हो, यह तो गलत विचारों के कारण पैदा हुई है.

21. विचारों को रचनात्मक होना जरूरी है. साथ-साथ इन्हें सकारात्मक भी होना चाहिए. इससे हर प्रकार के गलत विचार तथा शक मिट जाएँगे.

22. बुद्धि, बल, साहस तथा सकारात्मकता, ये सभी विचार शक्ति से ही आते हैं. ये सभी शक्तियाँ हमारे अंदर ही निहित होती हैं. इसी प्रकार हर कमी, हर सीमितता या विकट परिस्थिति - ये सभी हमारी कमजोरियों का नतीजा होते हैं. इस कमजोरी का सीधा अर्थ- शक्ति की कमी होना. यह कहीं और से नहीं आती है. देखा जाए तो यह कोई समस्या नहीं है, इसका निदान सिर्फ शक्ति को विकसित करना है. इस शक्ति को पाने का सिर्फ एक ही तरीका है - अभ्यास.

23. इस बार का अभ्यास, आपके अब तक प्राप्त ज्ञान को लागू करने से है. यह ज्ञान स्वयं लागू नहीं हो जाता बल्कि आपको

इसे लागू करने के लिए कोशिश करनी पड़ती है. साधनों को पाने के लिए लगातार आकर्षण के नियम को लागू करना पड़ता है. इसे लागू करने के लिए पूरा जोर लगाना चाहिए जिससे पूर्व निश्चित उद्देश्य की प्राप्ति हो. ऐसी दृढ़ इच्छा शक्ति से किये गए कार्य, बदली के प्राकृतिक नियम से पूरे हो जाते हैं. अगर आप व्यापारी हैं तो आपका व्यापार चहुँ ओर फैलेगा. जब यह नियम पूरी तरह लागू हो जाएगा, तब आप यह देखेंगें कि जो वस्तुएँ आपको चाहिए, वे स्वतः आपके पास आ जाएँगी.

24. इस सप्ताह दीवार पर एक खाली स्थान चुनो. या किसी अन्य स्थान पर बैठो, जहाँ आप पहले बैठते थे. मानसिक तौर पर, छः इंच लंबी एक काली तिरछी लाइन खींचो. इस पर ध्यान लगाओ जैसे कि यह दीवार पर पेंट की गई हो. अब इसे जोड़ती हुई दो सीधी लाइने दोनों सिरों से खींचो, इसी प्रकार एक वर्ग तैयार करो. अब इसके केन्द्र में एक बिन्दु लगाओ. अब इस बिंदु को 10 इंच अपनी तरफ खीचों अब आपके पास, एक वर्ग के आधार पर कोन बन गया है. अभी तक इसका रंग काला ही था, इसे अलग-2 रंगों में सोचो.

25. अगर आप ऐसा कर पाते हो तो आप बहुत अच्छी प्रगती कर रहे हो. शीघ्र किसी भी समस्या को सुलझाने के लिए तैयार हो. ''जब किसी भी उद्देश्य को विचारों में ठीक से सोचा जाता है तो कुछ ही समय में, इसकी सभी बातें स्पष्ट हो जाती हैं.

''किसी भी उद्देश्य के रास्ते में, पहले दूरदृष्टिता काम आती है. इसीलिये वह उद्देश्य स्वयं ही पूरे होने की राह पर आ जाता है.''

लिलियन वाईटिंग

▶ अभ्यास प्रश्न उत्तर सहित

91. संपदा क्या है?

शक्ति के द्वारा प्रदत्त फल.

92. आपके पास जो वस्तुएँ हैं, उनका मूल्य क्या है?

वे सभी शक्ति देने का साधन हैं.

93. कारण-प्रभाव का ज्ञान होना क्यों जरूरी है?

इससे व्यक्ति साहस से योजना बनाता है तथा भयहीन होकर इसे पूरा करता है.

94. अजैविक दुनिया में जान कैसे पड़ती है ?

उसे किसी सजीव वस्तु से मिलाकर. इसके अलावा कोई तरीका नहीं.

95. सीमित तथा असीमित के बीच क्या संबंध है ?

विचार.

96. ऐसा क्यों?

क्योंकि ईश्वर स्वयं को मानव के द्वारा ही उजागर करता है.

97. कारणों का होना किस पर निर्भर है?

विपरीतता के नियम पर. एक सर्किट मे देखें, तो प्रभु उसका सकारात्मक किनारा हैं, व्यक्ति उसका नकारात्मक कोना है. विचार इन्हें जोड़ते हैं.

98. अनेक व्यक्ति अपने लिए सकारात्मक स्थितियाँ क्यों नहीं पैदा कर पाते हैं?

वे नियम को पूरी तरह नहीं समझते. वे विपरीतता नहीं जानते, अत: सर्किट नहीं बना पाते.

99. इसका उपाय क्या है ?

जागृक होकर, आकर्षण के नियम को समझना, पहचानना. फिर इसे एक निश्चित उद्देश्य के लिए अस्तित्व में लाना अर्थात् उपयोग करना.

100. इसका नतीजा क्या होगा ?

विचार उद्देश्यों से जुड़कर कार्यों को पूरा करेगें, क्योंकि विचार अध्यात्म से ही उत्पन्न होते हैं. संपूर्ण विश्व की रचना इसी विचारों के नियम से हुई हैं.

"एक अस्पष्ट विचार को अपनी कल्पना शक्ति से साकार किया जा सकता है. जितनी दृढ़ता से इसे विचारोगे उतनी ही दृढ़ता से यह लागू हो जाएगा."

– इमरसन

परिचय - भाग ग्यारह

आपकी जिंदगी ऐसे नियमों से संचालित है, जो वास्तविक, न बदलने वाले तथा न थकने वाले हैं. इसका एक अर्थ यह भी है, कि प्राकृतिक नियम सदा कार्य करते रहते हैं, मानवीय कार्य कुछ स्थायी नियमों से बँधे हैं. इसी कारणवश, बड़े व्यापारियों को ठीक से पता होता है, कि किसी भी नई प्रकार की कार्य-स्थितियों की, उनके कितने कर्मचारी, बिना किसी, न-नुकारे के, मान जाएँगे.

यह सही है, कि प्रत्येक प्रभाव किसी न किसी कारण से ही पैदा होते हैं पर यही प्रभाव बाद में अन्य प्रभावों के कारण बन जाते हैं इसलिए जब भी आप आकर्षण का नियम लागू करते हैं तो याद रखिए, आपको अच्छे कार्यों की एक चेन बनानी है अन्यथा नतीजा सही नहीं होगा.

आपने सुना होगा, ''मैंने सोचा भी न था कि इतनी बड़ी दुर्घटना मेरे साथ होगी पर व्यक्ति यह नहीं समझ पाता कि मानसिक दुनिया में समान विचार, आकर्षित होते हैं. जो विचार हम सोचते हैं, उनसे हमें दोस्ती या किसी खास व्यक्ति का साथ प्राप्त होता है. यही स्थितियाँ बाद में वे परिस्थितियाँ पैदा करती हैं, जिनसे कई बार निराशाजनक परिस्थितियाँ पैदा हो जाती हैं.

भाग

ग्यारह

1. अपने दिमाग में, आपसी जुड़े हुए तर्क-विचार से हम अलग-अलग घटनाओं की तुलना करते हैं इसके बाद हमें यह समझ आ जाता है, कि इन सब के पीछे कॉमन कारण क्या था?.

2. विचारों के आने के बाद, तथ्यों की तुलना होने लगती है. यह प्रकृति को समझने का एक तरीका है जिससे मानव विकास की शुरूआत के नियम समझ आते हैं.

3. यह अंधविश्वासों तथा बुद्धि के बीच की रेखा है. इससे अनिश्चितता हट जाती है तथा आत्मविश्वास, निश्चितता बढ़ जाती हैं.

4. एक प्रकार से यह मानसिक चौकीदार हैं, जैसा कि पिछले पाठ में भी बताया गया था.

5. जब, इस नियम के कारण, हमारी भौतिक दुनिया में क्रांतिकारी परिवर्तन आया है. सूर्य जब अपने स्थान पर चमकता है, पृथ्वी जो एक बॉल की तरह है, उसके चारों तरफ चक्कर काटती है. इसी प्रकार जब निर्जीव तत्वों को, सजीव तत्वों से मिलाया जाता है, तब विश्व में, जिधर नज़र घुमाओगे वही जिंदगी साँस लेने लग जाती है. अब यह समझेगें कि ये प्रक्रियाएँ, अपनी अपनी सीमाओं

के बावजूद कैसे ठीक प्रकार से चलती रहती हैं.

6. जिस प्रकार पोल सदा विपरीत दिशाओं में रहते हैं उसी प्रकार इस संसार में इंसानों, तारों तथा अन्य शक्तियों का स्थान निश्चित है. विपरीत दिशाओं से पोल, एक दूसरे की तरफ आकर्षित होते हैं, वैसे ही अलग-अलग स्वभाव, प्रकृति तथा विशेषताओं के लोग, एक दूसरे की तरफ आकर्षित होते हैं, चाहे उन में कोई भी समानता न हो.

7. मनुष्य की आँखे, उसके सामने उपस्थित स्थितियों में अपने लिए अर्थ ढूँढ लेती हैं, उसी प्रकार इच्छाएँ भी स्वतः ही गाइड बनकर अपना रास्ता बना लेती हैं.

8. हमें सिर्फ इस नियम को ठीक से समझकर इसके मुताबिक कार्य करना है. कूविथर ने लुप्त हो गए एक जानवर का एक दाँत ढूँढा. अब इसके आधार पर उस जानवर के निर्माण की आवश्यकता थी. तो इस दाँत पर किए गए वैज्ञानिक परीक्षणों के द्वारा, वह उस जानवर का फ्रेम बना पाया.

9. यूरेनस ग्रह की गति में रुकावटें सामने आ रही थीं. लेविरर एक निश्चित स्थान पर, सौर-मंडल में, कोई दूसरा ग्रह चाहते थे. उनकी वैज्ञानिक खोजों के परिणामस्वरूप, उचित समय तथा स्थान पर नेपच्यून की खोज हुई.

10. इन सभी उदाहरणों से यह समझिए कि कवियर की बौद्धिक जिज्ञासा तथा जानवरों की ऐच्छिक माँगे एक ही प्रकार की हैं. प्रकृति तथा लेविरर की सोच की दिशा एक ही है. प्रकृति के जटिल कार्यों को, एक उचित-निश्चित, नियमानुसार माँग से, समझा जा

सकता है. उनसे लाभ उठाया जा सकता है.

11. प्रकृति के साधनों तथा उनकी क्षमताओं को समझ कर विज्ञान की मदद से उस पर प्रयोग किए जाते हैं. पृथ्वी को चलाने वाली शक्तियों से हाथ मिलाईये, धीरे-धीरे आप इस बंद, बहुमुखी दुनिया के निकट संपर्क में आ जाओगे. ऐसा होने से हमारी इच्छाएँ एवं उद्देश्य, उस बड़ी संस्था के साथ कदम मिलाकर चलेंगे. उसी प्रकार जैसे किसी सरकार का अस्तित्व उसके नागरिकों की जिंदगी, स्वतंत्रता तथा खुशी पर टिका होता है ?

12. प्रत्येक देश, अपने नागरिकों की खुशहाली पर टिका होता है. नागरिकों के हितों की रक्षा पुलिस, सेना तथा अन्य सरकारी विभाग करते हैं. ये सभी अपनी जनता की जरूरतों के अनुसार उन्हें सुविधाएँ भी उपलब्ध कराते हैं. बिल्कुल इसी प्रकार प्रकृति की दुनिया में भी प्रभु से, शक्ति पाकर, मनुष्य को नागरिकता की सुविधाएँ दी जाती हैं. इसमें विरोध करने का कोई नियम नहीं काम करता बल्कि रासायनिक तथा मशीनी एजेंटों को बढ़ावा दिया जाता है, जिससे मनुष्य को सर्वाधिक लाभ पहुँचे.

13. अगर प्लेटो ने किसी फोटोग्राफर की मदद से, सूर्य की प्रखरता को फोटो में बाँधा होता या वे अनेको कार्य जिन्हें इंसान ने बढ़ावा पाकर पूरा किया, तब अवश्य आ गया होता. तब उसके दिमाग को एक ऐसी दुनिया का चित्र उभर आया होता, जहाँ सभी कार्य प्रकृति के द्वारा होते हैं- चाहे वे मशीनी हों या फिर हाथ से करने वाले. ऐसा स्थान जहाँ आपकी सभी इच्छाएँ, मात्र सोचने भर से पूरी हो जाती है.

14. यह स्थान कितना भी दूर क्यों न दिखे. बढ़ावा मिलने पर, प्रोत्साहन मिलने पर व्यक्ति कुछ भी कर गुजरता है. ऐसे कदम बढ़ाने से, वह अपने पिछले उचित कर्मों का तो लाभ उठाता ही है, साथ-साथ उसकी मेहनत पर विशेष फायदे भी मिलते हैं.

15. यह हमारी शरीर की क्षमताओं को मजबूत करने तथा ध्यान को बढ़ाने का भी एक तरीका है. इससे न केवल व्यक्ति की बल्कि विश्व की समस्याओं का भी समाधान हो जाता है. आवश्यकता सिर्फ दिमाग को पूरी तरह एकाग्र करके लगाने की है.

16. अब हमे यह समझना हैं, कि जो भी हम चाहते हैं, वह पूरा किया जा सकता है, यह तरीका जो प्लेटो न समझ सका था, पर हमें यह विरासत में दे गया. विचार तो जान गया,तरीका न समझ सका.

17. स्वीडनबर्ग ने अपने समानता के नियम में इसी विचार को खुल कर समझाया है, "कि जो भी आप चाहते हैं, जिसे पाने के लिए प्रार्थना करते हैं, वे आपको मिल जाती है. "विश्वास करते हो कि वे तुम्हें मिलें, ये सभी तुम्हें मिल ही जाएँगी."

18. सर्वप्रथम यह हमें समझना है, कि हमारी इच्छा पूरी होगी, पूरी होने की परिस्थितियाँ स्वत: बनेंगी. विश्वव्यापी के विषयानुरूपी दिमाग पर प्रभाव डाल कर, उसकी रचनात्मक विचार शक्ति से लाभ उठाने का यह बिल्कुल सही तरीका है. ऐसा समझिए कि जो भी आपकी इच्छा है, वे सभी पहले से इस विश्व में मौजूद हैं.

19. अगर आपके विचार प्रकृति के रचनात्मक नियम के साथ सहमत हैं, तो यह असीमित दिमाग से भी सहमत होंगे. अब ये

अपने लिए सर्किट बना लेंगे ये बेकार नहीं जाएँगे. अब दूसरी स्थिति पर विचार करते हैं. अगर विचार असीमित से सहमत नहीं, तो कोई नियम नहीं लागू होगा तथा सर्किट भी नहीं बनेगा. यूँ समझिए कि एक मशीन लगातार बिजली उत्पन्न कर रही हैं, जिसे इस्तेमाल करने के लिए कोई सर्किट नहीं है तो धीरे-धीरे मशीन भी कार्य करना बंद कर देगी.

20. बिल्कुल ऐसा ही आपके साथ होता है. आपके विचारों से भी सर्किट न बन पाने पर, आप अकेले पड़ जाएँगे. ये विचार आपको चिपट कर परेशान करेंगे, बीमार कर देगें, यहाँ तक कि मरने की हालत में पहुँचा देंगे. इस बीमारी को डॉक्टर, ठीक प्रकार से समझ नहीं पाएँगे, गलत इलाज करेंगे तो यह ठीक नहीं होगी. पर ठीक कैसे हो, यह तो गलत विचारों के कारण पैदा हुई है.

21. कुछ व्यक्तियों को प्रत्येक वस्तु के लिए बहुत मेहनत करनी पड़ती है, पर कुछ के लिए, सभी वस्तुएँ सहजता से मिल जाती है. यह अंतर उनके विचारों को लागू करने की प्रक्रिया के कारण होता है. सफल लोग सदा ठीक कार्य करते है. वे भूल से भी कभी गलत कदम नहीं उठाते. अपनी सूझ-बूझ से सदा सभी चीजें, जल्दी सीख लेते हैं. जो कार्य आरंभ करते हैं, उसे अपनी योग्यता से, पूर्णता की ओर ले जाने में सफल होते हैं. वे सदा स्वयं से, अपने माहौल से प्रसन्न रहते हैं. वे न कभी स्वयं को बढ़-चढ़ कर दिखाते हैं, नहीं किसी मुश्किलों का दुखड़ा रोने में यकीन रखते हैं.

22. भगवान के वरदान की तरह, इन विचारों पर अमल करने से व्यक्ति उद्देश्य प्राप्ति कर सकता है. पर यह ऐसा इनाम है, जिसे

कम ही लोग समझ पाते हैं. कुछ ही लोग दिमाग की अभूतपूर्व शक्तियों को पहचान पाते हैं, उसके लिए जरूरी परिस्थितियाँ पैदा कर पाते हैं. वास्तविकता यह है, कि यह शक्तियाँ उपयोग, निर्देशित की जा सकती हैं. व्यक्ति की प्रत्येक समस्या का हल इनके पास होने के कारण, यह अत्यंत महत्वपूर्ण तथा अन्य शक्तियों से उत्तम हैं.

23. सत्य सदा एक ही होता है, चाहे वह किसी भी काल में क्यों न हो. डरपोक व्यक्ति, सत्य की पूर्णता के लिए आवश्यक तथ्य नहीं जान पाते. वह यह समझ ही नही पाते कि कोई भी मानवीय तरीका, प्रत्येक स्थिति में सही नहीं होता.

24. परिवर्तन, जोर देना, नई भाषा, नई विवेचना, नए-नए आयाम, ये सभी सत्य से अलग नहीं ले जाते. बल्कि ये इस बात का प्रमाण हैं, कि मानवीय जरूरतों के अनुसार सत्य नए अर्थ ले रहा है तथा पहले से बेहतर तरीके से समझा जा रहा है.

25. प्रत्येक पीढ़ी को सत्य नए तरीके से समझ आता है. प्रत्येक व्यक्ति के लिए इसकी नई परिभाषा होती है. जैसा कि पॉल ने कहा था, ''चाही हुई वस्तुओंको पाने के लिए, उन्हें पाने का विश्वास रखो. जैसा कि आधुनिक विज्ञान कहता है, ''आकर्षण के नियम के अनुसार विचार, स्वयं ही इच्छित वस्तु से जुड़ जाते हैं.'' एक प्रकार से अगर विचारा जाए तो ये दोनों बातें एक ही प्रकार के सत्य की ओर इशारा करती हैं. सिर्फ तरीके में अंतर है.

26. हम एक नई सुबह की दहलीज पर खड़े हैं. वह समय आ गया है, कि जब मनुष्य ने इस पर मास्टरी करनी सीख ली हैं. इससे

ऐसा समाज सामने आएगा, जिसका किसी ने सपना भी न देखा हो. आधुनिकता तथा धार्मिकता का संघर्ष, अलग-अलग धर्मों का अलग-अलग नजरिया, नए समाज की बदलती शक्तियाँ इन सभी से नई सोच की तरफ रास्ता स्पष्ट हो रहा है. यह ठीक है कि पुराने विचारों के लिए अब कोई स्थान नहीं है, परंतु काम की बातें अभी भी कायम हैं.

27. एक नया विश्वास, एक नया विचारों को व्यक्त करने का तरीका सामने आया है. इस विश्वास से मनुष्य में, शक्ति के प्रति नई चेतनता आई है.

28. वह आध्यात्मिक तत्व (आत्मा) हर निर्जीव वस्तु में भी मौजूद हैं, इंसान जिसका सर्वोत्तम उदाहरण है वह सर्वव्यापी दिमाग है. इसी से विचार तथा क्रिया का भेद पूरा किया जाता है. हम स्वयं को ईश्वर प्राप्त शक्तियों के लायक बना पाते हैं, उन्हें इस्तेमाल कर पाते हैं.

29. विचारों की शक्ति की खोज, आज तक की सभी खोजों से महान है. इसे सामान्य चेतना तक पहुँचने में काफी समय लगा, परंतु यह नया विचार, आज सामने आ चुका है प्रत्येक रिसर्च में अपना स्थान जमा रहा है.

30. आप सोचते होंगे कि विचारों की रचनात्मक शक्ति के तत्व क्या हैं ? इसका मूल है नए-नए विचारों को गढ़ना. ये नए विचार, फिर स्वयं ही, उचित तरीका अपनाते हुए शक्ति पा लेते हैं. इनमें बौद्धिक क्षमता होने के कारण ये ऐसा कर पाते हैं.

31. विचारो से मनुष्य, अपने अस्तित्व के गहरे रहस्यों को

समझ पाता है तथा अनेक सत्यों से गुजरता हुआ उस शाश्वत प्रकाश की ओर बढ़ता है. उस स्थान पर जो भी पहले था और जो भी अब है – सभी एक भव्य मिलन का हिस्सा बन जाते हैं.

32. स्वयं की संभावनाओं पर विचार करने से, मनुष्य को एक अंत:प्रेरणा हासिल होती है जिसे रचनात्मक बुद्धि भी कह सकते हैं. यह प्रत्येक तत्व से श्रेष्ठ है. यह अपने कार्यों के लिए, प्रत्येक कदम उठा सकती है.

33. तर्कों से बुद्धि का विकास होता है, ज्ञान को समझने से बुद्धि की क्षमता बढ़ती है. अत: तर्क करने की प्रखरता ही बुद्धि क्षमता है, इसी से नम्रता आती है.

34. हम सभी जानते हैं कि जिन व्यक्तियों ने असंभव को पाया है, अपनी जिंदगी के सपनों को साकार किया है, उन्होंने स्वयं को भी परिस्थितियों के लिए तैयार किया है. हम कई बार, ऐसी शक्ति की कल्पना करते हैं जो हमें मुश्किलों से आसानी से निजाद दिला सके. यह स्पष्ट है कि कुछ निश्चित मूल नियमों को लगाकर, व्यक्ति किसी भी समस्या से जूझ सकता है.

35. इस सप्ताह के अभ्यास के लिए, बाईबिल की उसी सूक्ति पर ध्यान लगाओ. महसूस करो कि सीमाएँ समाप्त हो गई हैं. हमारी एकमात्र सीमा, सिर्फ कम सोचना हो सकती है, (इच्छाएँ) तो निश्चित होती हैं. अत: जरूरत पड़ने पर स्थिति का सामना करो. विश्वास कोई छाया नहीं है, बल्कि एक गहन तत्व है.

यह जान लो कि मृत्यु एक प्राकृतिक क्रिया है जिसके द्वारा सभी भौतिक प्राणी, पुर्नजन्म लेकर नया आकार पाते हैं.

▶ अभ्यास प्रश्न उत्तर सहित

101. क्षमता को बढ़ानेवाला, प्रोत्साहनपूर्ण तर्क क्या है?

तार्किक बुद्धि के द्वारा हम अलग-अलग प्रकार की अनेक घटनाओं की आपस में तुलना करते हैं. जब तक कि हमें उनके पैदा होने का सामान्य कारण न पता चल जाए.

102. इस तरीके से क्या हासिल होता है?

इससे ऐसे नियमों की खोज हुई, जिससे मानव वृद्धि का नया अध्याय शुरू हुआ.

103. इस प्रक्रिया में कौन गाइड करता है तथा कार्यप्रणाली निर्धारित करता है?

इच्छाएँ.

104. प्रत्येक मानव समस्या को सुलझाने का अचूक तरीका क्या है?

हमें यह मानना है कि हमारी इच्छा का हल पहले से ही मौजूद है, अतः पूरा ही होगा. वास्तविक पूर्ति स्वतः ही हो जाएगी.

105. किन महान् विचारकों ने इस तथ्य को सराहा ?

जीसस, प्लेटो, स्वीडनबोर्ग.

106. इस विचार प्रक्रिया का क्या नतीजा है?

हम एक विचारों का पौधा बोते हैं जिसे बिना छेड़े, अगर

उसकी सुरक्षा की जाए तो समय आने पर वह उचित फल देगा.

107. यह वैज्ञानिक तौर पर सही क्यों है?

क्योंकि यही प्राकृतिक नियम है.

108. विश्वास क्या हैं?

चाही हुई इच्छाओं की प्राप्ति में, उनके पहले से उपस्थित होने के अस्तित्व पर यकीन करना.

109. आकर्षण का नियम क्या है ?

इस नियम से विश्वास को कार्यरूप दिया जाता है.

110. इस नियम को समझने का क्या महत्व है ?

यह मानव दिमाग से अनिश्चितता और शक को खत्म कर देता है तथा उस में तार्किक बुद्धि भर देता है.

परिचय - भाग बारह

अगर आप अपने विचारों पर पूरा ध्यान दें, तो प्रत्येक को समझते हुए, अन्य विचारों को भी अपनी तरफ आकर्षित कर पाओगे.

ज्ञान स्वयं लागू नहीं हो जाता, व्यक्ति इसे लागू करते हैं. यह कार्य तभी हो सकता है. जब जाग्रक उद्देश्य के लिए, विचारों को बढ़ावा दो एक निश्चित विचार पर ध्यान केन्द्रित करो. बाकी विचारों को दिमाग से निकाल दो. अब उसी उद्देश्य पर, अपनी समस्त शक्तियाँ लगा दो. ऐसा न करने पर एक सही उद्देश्य प्राप्ति भी नहीं हो सकती.

भाग

बारह

1. विचारों की रचनात्मक क्षमता को, वैज्ञानिक तौर पर समझने से, दुनिया का कोई भी उद्देश्य पाया जा सकता है.

2. यह शक्ति सभी को प्राप्त है. व्यक्ति वही बनता है, जैसा कि वह सोचता है. यह सोचने की क्षमता असीमित है, अत: उसकी रचनात्मक शक्ति भी असीमित है.

3. हम डर, भय, हतोत्साहित होने की भावना को खत्म नहीं कर पाते, ये सभी नकारात्मक ऊर्जाए देती हैं. इनसे लक्ष्य दूर होता जाता हैं.

4. आगे बढ़ने का एकमात्र तरीका है, पीछे न हटना. सफलता के लिए, सदा मेहनत करने को तैयार रहना चाहिए. पूरी तरह से आवश्यक, तीन कदम लो अपनी शक्ति को जानो बढ़ने का साहस करो, पूरे विश्वास से इसे प्राप्त करो.

5. इस आधार से आप अपने लिए आदर्श वातावरण पा सकते हो. आप पर सामान या कीमत का कोई बंधन नहीं है. विचार सर्वशक्तिमान् हैं इनमें असीमित साधन मौजूद हैं.

6. आपका उद्देश्य बिल्कुल निश्चित होना चाहिए ऐसा न हो कि आज एक उद्देश्य है, कल कोई और. इससे शक्ति भी बिखर

जाती है तथा कुछ भी प्राप्त नहीं हो पाता. आपके नतीजे भी सही नहीं होंगे. साधन भी बेकार होंगे.

7. दुर्भाग्य से अधिकांश व्यक्ति ऐसा ही करते हैं कारण आपको पता है. अगर एक मूर्तिकार अपनी मूर्ति की शक्ल हर 15 मिनट के बदलेगा तो, वह कुछ भी नहीं बना पाएगा.

8. इस अनिश्चितता से भौतिक संपदा का नुकसान होता है. कई वर्षों की मेहनत का नतीजा, अचानक सुखद के स्थान पर दुखद हो जाता है. धन तथा प्राप्टीं ये दोनों, एक निश्चित क्रियात्मक विचारों की शक्ति से ही अर्जित किए जा सकते हैं.

9. यह शक्ति स्वयं को पवित्र, शाश्वत शक्ति के साथ मिलाने से ही आ सकती है. आप सिर्फ प्राकृतिक नियमों को समझो. सर्व शक्तिमान् के विचार सर्वत्र फैले हैं, अपनी योग्यताओं, को समझ कर, उन्हें प्रभु की विचार शक्ति से जोड़ो. जितनी ताकत से सहयोग होगा, उतनी ही सफलता की मात्रा बढ़ती जाएगी.

10. विचारों की शक्ति के कई नकली स्रोत भी हैं जो आपको आकर्षित कर सकते हैं, पर उनका नतीजा सही नहीं होता.

11. डर, भय और सभी नकारात्मक विचारों का नतीजा भी उनके समान ही होता है.

12. इसमें गलत प्रवृत्ति के लोग भी शामिल हैं, जो गलत राहें दिखाते हैं. ये तांत्रिक प्रकार के लोग अपनी नकारात्मक शक्तियों से भ्रमित करते हैं.

13. इसमें अंध विश्वासी हिन्दू भी शामिल हैं. ये यह नहीं समझते कि इच्छा (आत्मा) का नाश होने से मानव भी समाप्त हो जाता है.

14. विचारों के मानसिक आदान प्रदान ने आज काफी ध्यान आकर्षित किया है. पर यह उचित नहीं है. इसमें पाने वालों को, मानसिक तौर पर नकारात्मक होना पड़ता है. इसमें एक की क्षमता बढ़ती है, दूसरे की घट जाती है.

15. अनेको मामलों में यह देखा गया है, कि सम्मोही कारण प्रक्रिया खतरनाक है. मानसिक दुनिया के नियमों को समझने वाले लोग, कभी भी किसी दूसरे की इच्छाओं पर नियंत्रण करने की नहीं सोचते. ऐसा करने वाला व्यक्ति धीरे-धीरे अपनी शक्ति भी खो देगा.

16. इन सभी असामान्य व्यवहारों को करने वालों को अस्थायी तौर पर शांति मिल सकती है. पर अपने अंदर की ताकतों को पूरी तरह समझने में असीमित, महान् आनंद का अनुभव होता है. ऐसी शक्ति जो इस्तेमाल से बढ़ती है. यह कहीं नहीं जा सकती, स्थायी होती है. यह पिछली गलतियों को, जो गलत विचारों का नतीजा होती हैं, उन्हें सुधारने में भी कामयाब होती है. यह एक औषधि की तरह हमें हर प्रकार के खतरे से बचाती है. यह एक ऐसी रचनात्मक शक्ति है, जिससे हम अपने भविष्य का नवनिर्माण कर सकते है.

17. यह पूरी तरह निश्चित करें कि प्रत्येक विचार सत्य हो, फिर वृद्धि के नियम से उसमें अच्छी भावनाओं का संचार होगा, क्योंकि सिर्फ इसी से ही किसी स्थायी शक्ति को पाया जा सकता है.''

18. विचारों में, स्वयं को उद्देश्य से जोड़ने की अद्‌भुत शक्ति होती है. अत: प्रत्येक मानवीय घटना को स्वयं के अनुकूल बनाना ही, आकर्षण का नियम है. यह एक मूल तथा शाश्वत विचार है. यह बात हर धर्म, विज्ञान दर्शन, हर बात में कही गई है. इससे कोई नहीं बच सकता. यह भावना ही विचारों को महत्व देती है. भावना ही इच्छा है, इच्छा ही प्यार है. प्यार से भरी इच्छाएँ (विचार) सदा जीतती हैं.

19. हमने देखा है, कि विचारों की शक्ति, सत्य में ही निहित है. सर्वव्यापी दिमाग, अपनी बौद्धिक क्षमता से सर्वप्रथम सूक्ष्म कणों को अपनी तरफ खींचता है ये मिलकर बड़े पदार्थ बनाते हैं, इन्हीं से धीरे-धीरे अलग-अलग निश्चित आकार लिए जाते हैं. अत: यही प्यार का नियम, प्रत्येक कार्य-योजना के पीछे की रचनात्मक शक्ति है. न केवल इस पृथ्वी, बल्कि प्रत्येक कल्पना की उड़ान इसी विचार से भरी है.

20. इसी नियम के कारण, हर समय-परिस्थिति में मनुष्य ने यह माना है, कि कुछ ऐसी व्यक्तिगत स्थितियाँ अवश्य मौजूद होती हैं जो हर संभव कोशिश करके, उनकी इच्छा-पूर्ति की घटनाओं को खड़ा कर देती हैं.

21. आकर्षण का नियम, इसी प्यार तथा विचार की शक्ति का मेल है. सभी प्राकृतिक नियम अपनी गति से चलते हैं. गुरूत्वाकर्षण का नियम या कोई अन्य नियम, गणित की सी शुद्धता पर आधारित हैं. इसमें कोई परिवर्तन नहीं आता. करने वाले के अयोग्य होने पर कोई गलती होती है. अगर कोई पुल गिर जाता है, तो इसमें गुरुत्वाकर्षण के नियम की गलती तो नहीं मानी जाती. इसी प्रकार

अगर आकर्षण के नियम को किसी अयोग्य व्यक्ति के द्वारा दर्शाया जाए, तो यह ठीक से कार्य नहीं करता. इससे यह नहीं माना जा सकता कि जिस नियम पर संपूर्ण पृथ्वी की क्रियात्मकता आधारित है, वह गलत है या वह ठीक से कार्य नहीं कर रहा. बल्कि हमें तो यह मानना चाहिए कि इसकी थोड़ी और समझ जरूरी है. वैसे ही जैसे गणित की किसी मुश्किल समस्या को समझने के लिए कई बार अधिक समय तथा अधिक कोशिशे करनी पड़ती है.

22. मानसिक या आध्यात्मिक दुनिया में बनाई गई चीजें, ही बाद में बाहरी परिस्थितियों में सामने आती हैं. अपने वर्तमान विचारों को ठीक से काबू करके, हम उन स्थितियों की योजना बना सकते हैं, जो भविष्य में हमारे समक्ष आएँगी एक संभली हुई इच्छा से आकर्षण का नियम, और बेहतर तरीके से संचालित होता है.

23. व्यक्ति को विचार शक्ति पाने से पहले इसके तरीके (यंत्र) बनाने चाहिएँ. दिमाग किसी भी नए विचार को तुरंत नहीं समझ सकता जब तक कि दिमाग के आकंपन भरे सैल इसे पाने को तैयार न हों. इससे यह भी समझ में आ जाता है कि कई बार किसी नए विचार को अपनाने में ज्यादा समय क्यों लगता है ? हमारे दिमागी तंतु, जो इसे अपनाने के लिए तैयार नहीं होते हैं, वे इस पर शक करते हैं.

24. अगर आप आकर्षण के नियम की शक्ति नहीं समझ पाए या इसे लागू करने का, वैज्ञानिक तरीका नहीं जान पाए तो आप इसकी असीमित संभावनाएँ भी नहीं समझ पाओगे. फिर आप इसके असीमित साधनों से भी लाभ नहीं उठा पाओगे. तो देर मत करो. इसी समय ऐसे दिमागी तंतु बनाओ अर्थात् ऐसे विचार सोचो जिससे

आप आकर्षण के नियम से लाभ उठा पाओ. यह कार्य गहन ध्यान से होगा.

25. इच्छा होने से, ध्यान भी दिया जाता है. शक्ति शांतिपूर्वक आती है. शांत होकर, ध्यान लगाने से गहन विचार आते हैं. इससे आप ऊँचे विचारों को बढ़ा सकते हैं.

26. शांत रहकर ही, आप अर्धचेतन दिमाग की सर्वशक्तिमान शक्ति से जुड़ सकते हो, जिसमें से सभी अन्य शक्तियाँ निकली हैं.

27. जो व्यक्ति बुद्धि, शक्ति या स्थायी सफलता चाहते हैं, उन्हें अपने अंदर देखना चाहिए. शांति को बड़ी सरलता से प्राप्त किया जा सकता है. पर याद रखिए प्रभु से नाता जोड़ने के पूर्णरूप से शांत होना जरूरी है. यह नियम नहीं बदल सकता. लगातार अभ्यास तथा गहन ध्यान से धीरे-धीरे यह कार्य पक्का हो जाएगा.

28. इस सप्ताह उसी विशेष स्थान पर बैठो. मानसिक तथा शारीरिक तौर पर शांत हो जाओ. कभी भी, दबाव में आकर कोई मानसिक कार्य मत करो. कोई भी नसें अशांत न हों, आप पूरी तरह आरामदायक स्थिति में हो. अब स्वयं के, सर्वशक्तिमान से जुड़े होने का अहसास करो. उसकी शक्ति के संपर्क में आओ. यह समझो कि आपकी यह समझ ही, आपको सर्वव्यापी दिमाग से जोड़ेगी. यकीन करो कि इससे हर प्रकार की जरूरतें पूरी होंगी. आपमें बिल्कुल उतनी ही क्षमताएँ हैं, जितनी प्रभु में हैं, सिर्फ मात्रा का अंतर है.

"वास्तव में ऐसा कोई विचार नहीं है, जिसे व्यक्त न किया जा सके."

– विलसन

▶ अभ्यास प्रश्न उत्तर सहित

111. जिंदगी में कोई भी उद्देश्य कैसे पाया जा सकता है?

विचार की आध्यात्मिक प्रकृति को वैज्ञानिक तरीके से समझकर.

112. कौन से तीन कदम बिल्कुल जरूरी हैं?

अपनी शक्ति को पहचानना, साहस करना तथा कार्य के पूरे होने पर विश्वास रखना.

113. कार्य को करने की वास्तविक क्षमता कैसे लाई जाए?

प्राकृतिक नियमों को समझकर.

114. इन नियमों को समझने का क्या इनाम हैं?

हमारी उस पवित्र एवं शाश्वत नियम के साथ मेल खाने की योग्यता को बढ़ाना.

115. सफलता कितने प्रतिशत मिलेगी?

उतनी ही जितना हमारा मेल होगा

116. विचारों को अद्भुत शक्ति देनेवाला नियम क्या है?

प्यार पर आकर्षण का नियम टिका है. प्यार से भरे विचार अवश्य पूरे होते हैं.

117. यह नियम स्वयं में परिपूर्ण क्यों हैं?

क्योंकि यह एक प्राकृतिक नियम है. सभी प्राकृतिक नियम स्वयं में पूर्ण तथा शाश्वत होते हैं. ये बिल्कुल गणित की तरह ठीक होते हैं. इनमें कोई भटकाव नहीं होते.

118. जिंदगी की समस्याओं को सुलझा पाना, कई बार, कठिन क्यों लगता है?

करनेवाले की अयोग्यता के कारण.

119. दिमाग के लिए नए विचारों को समझना कठिन क्यों होता है ?

हमारे दिमागी तंतुओं में इन्हें समझने की क्षमता न होने से.

120. बुद्धि कैसे पाएँ ?

ध्यान लगाकर. यह अंदर से ही संभव है.

परिचय – भाग तेरह

हमारी वर्तमान आरामदायक जिंदगी के लिए भौतिक विज्ञान जिम्मेवार है, पर आज की दुनिया में आध्यात्मिक विज्ञान भी ऐसे कैरियर बना रहा है, जिनकी पहले किसी ने कल्पना भी नहीं की थी.

जिसे पहले अनपढ़ों, अंधविश्वासियों की सोच समझा जाता था, उसमें भी अब कुछ निश्चित तरीके आते जा रहे हैं, जिसमें लोगों का मन भी लगता है.

विचार करना एक आध्यात्मिक प्रक्रिया है. कल्पनाएँ, कार्यों तथा घटनाओं को जन्म देती हैं. श्री. हरबर्ट कौफमेन,

"वे महानता के निर्माता हैं. उनकी दूरदृष्टिता, उनके अंदर छुपी है. वे समय की सीमाओं के परे देखते हैं. वे कहीं भी सपने देख लेते हैं. वे शाही ताजों से भी कहीं ऊपर की वस्तुओं के लिए लड़ाई लड़ते हैं.

ऐसे व्यक्ति, प्रभु द्वारा चुने जाते हैं. राजा आते हैं, चले जाते हैं. समुद्र की लहरें एक किले की दीवारें तक गिरा देती हैं, पर इन सब में से केवल, कल्पनाशक्ति वाले व्यक्ति के महल खड़े रहते हैं."

भाग – 13 में यह समझाया गया हैं, कि किस तरह हमारे दिमागी स्वप्न हकीकत में बदल सकते हैं. किस नियम के कारण हमारे दिमाग में आई तस्वीरें एक शक्ल ले लेती हैं.

भाग

तेरह

1. विज्ञान प्रत्येक बात का कारण ढूँढता है, उदाहरणत: ज्वालामुखी का फटना अंदरूनी गर्मी के कारण होता है.

2. इसी प्रकार, बिजली चमकने से अजैविक दुनिया में परिवर्तन हो जाते हैं. जिस प्रकार एक समय में संसार में बोली जाने वाली भाषाओं का आज कोई अस्तित्व नहीं है, पर उनकी तबसे अब तक की वृद्धि के प्रमाण मौजूद हैं. अजैविक दुनिया के परिवर्तन ही वे कारण हैं, जिनके द्वारा, संसार में कहीं पहाड़, तो कहीं घाटियाँ हैं.

3. इस प्रकार अजनबी विचारों का सामान्यीकरण किया जा सकता है. एक चुंबकीय सुई की तरह ये सभी खोजें, विज्ञान की तर्कक्षमता की ओर इशारा करती हैं.

4. यह तरीका कारण तथा अनुभवों पर आधारित है, अत: इससे अंधविश्वास समाप्त हो जाते हैं.

5. 200 वर्ष पहले, लार्ड बैकन ने इस तरीके की बात की थी, जिससे सभ्य राष्ट्रों ने अपनी संपदाओं तथा ज्ञान में वृद्धि पाई. अपने दिमागों को छोटी–बड़ी भेद–भावपूर्ण बातों से हटाया. धार्मिक अंध विश्वासों को दूर भगाया. उन्हें नई खोजों के विषय में

चेताया. उपयोगी, नई–नई खोजों के विषय में चेताया. उपयोगी, नई–नई खोजों के विषय में जागृक किया. व्यक्ति के दिमाग के विचारों को नई रोशनी, नई दिशाएँ प्रदान की.

6. बैकन के तरीकों की सफलता से प्रभावित होकर ग्रीस के दार्शनिकों ने भी यह तरीका अपनाया. इस नए तरीके के निरीक्षण से धीरे–धीरे उन्हें तारों की दुनिया के असीमित क्षेत्र में, अद्‌भुत खोजें पता चलीं. इस प्रकार अन्य क्षेत्रों में भी अनेक नई बातें सामने आई जिन्हें पहले कभी किसी ज्ञानी ने नहीं जाना था.

7. इन खोजों से जिंदगी आसान हो गई. बीमारियाँ कम हो गई. मिट्टी की उर्वरता बढ़ गई. बिजली की ताकत का, मानवों के हित के लिए उपयोग शुरू हुआ, दिन की तरह ही रातें भी रोशन हो गईं. इससे इंसान का नजरिया बदला गया, उसकी शक्ति बढ़ गई. दूरियाँ मिट गई. इंसान ने आकाश की ऊँचाईयों को छुआ तथा समुद्र की गहराईयों को नापा. धरती के गुमनाम हिस्सों में भी खोजें की.

8. तो यह था, तर्क तथा प्रोत्साहन का नतीजा. तार्किक विज्ञान में मानव ने सफलता पाई. उसके साथ–साथ उसकी सावधानीपूर्वक निरीक्षण की सामान्य क्षमताएँ बढ़ गई. यह संपूर्ण निरीक्षण बहुत सावधानीपूर्वक तथा बिल्कुल ठीक करने से, सभी साधन हमारी मुट्ठी में आ गए.

9. एक बिजली की मशीन की चिंगारी का, हर प्रकार की परिस्थितियाँ में निरीक्षण करने के बाद, उसका निर्माण किया जाता है, इस सिद्धांत को फ्रेंकलिन ने दिया कि बादलों में चमकने वाली

बिजली की क्या प्रकृति है ? न्यूटन के पृथ्वी की गुरूत्वाकर्षण की शक्ति की विवेचना की.

10. सत्य के साथ, जो मूल्य निर्धारित किए जाते हैं, वे किसी भी गलत प्रकार की धारणाओं को स्थान नहीं देते. तभी विश्व में लगातार विकास संभव हो सकता है. विज्ञान का आधार, संकीर्ण नहीं है. इसमें सदा चलने वालों तथा कभी-कभी चलने वाली, सभी प्रक्रियाओं, दोनों को पूरा ध्यान दिया जाता है.

11. निरीक्षण करने से, सदा अनेक प्रकार के तथ्या इकट्ठे होते रहते हैं. पर इन सभी से प्रकृति के अलग-अलग रूपों के विषय में पता चलता है. मनुष्यों में अनेक उपयोगी गुण पाए जाते हैं, जिनमें कुछ बिल्कुल अलग होते हैं. प्राकृतिक तौर पर इसमें से छँटनी हो जाती है तथा उस अलग प्रकृति को अधिक महत्व दिया जाता है. यह प्रतिदिन के निरीक्षण से नहीं हो पाता.

12. अब अगर, हम ये देखें कि कुछ लोग असामान्य शक्तियाँ रखते हैं. इससे हम क्या नतीजा निकाल सकते हैं ? हो सकता है कि हमारी अपनी जानकारी में कमी के कारण, हम इसे समझ न पाएँ. प्रत्येक ईमानदार खोजी यह समझता है, कि प्रकृति में सदा कुछ अजीब, न समझने वालो बातें भी होती रहती हैं. पर जो व्यक्ति विचारों की शक्ति से परिचित हैं, वे इसे अजीब नहीं समझेंगे.

13. कुछ लोग यह सोचते होंगें कि यह कार्य ऊपरी अप्राकृतिक शक्तियों के कारण होते हैं. पर वैज्ञानिक तौर पर प्राकृतिक नियमों को समझने से यह स्पष्ट हो जाता है कि अप्राकृतिक कुछ भी नहीं है. एक निश्चित, उचित कारण से ही कोई प्रक्रिया घटित होती है.

ये कारण बदलने वाले नियम होते हैं, जो पूरी तरह से पक्के आधार पर कार्य करते हैं, चाहे ये नियम हमारी जानकारी में लागू हों या अनजाने में.

14. कुछ लोग यह कह सकते हैं कि कुछ बातें हमें नहीं जाननी – समझनी चाहिएँ. पर यह बात प्रत्येक इंसानी ज्ञान की खोज में लागू होती है. कोलंबस, डार्विन, गैलिलियो आदि, जिस ने भी कोई नया विचार दिया, उसे सर्वप्रथम विरोध का सामना करना पड़ा. अत: इन विरोधों को कोई महत्व नहीं दिया जाना चाहिए. बल्कि अपने संपर्क में आने वाले हर तथ्य का बारीकी से निरीक्षण करना है. इससे हम उस नियम को बेहतर तरीके से समझ पाएँगे.

15. यह भी समझ जाएँगे कि हर समस्या, चाहे वह शारीरिक, मानसिक या आध्यात्मिक हो, का समाधान, विचारों की रचनात्मक शक्ति से किया जा सकता है.

16. विचार ही मुख्यत: मानसिक व्यवहारों को नियंत्रित करते हैं. इसलिए सही दिशा में विचार करना जरूरी हैं.

17. अगर हम किसी भी प्रकार की भौतिक संपदा चाहते हैं, तो उसे पा सकते हैं. पर कई बार ऐसा होता है, कि चाही हुई वस्तुएँ पाने पर भी, उनका असर वांछित नहीं होता. ऐसा इसलिए है, क्योंकि इच्छापूर्ति की यह भावना क्षणिक होती है और कई बार हमारी इच्छा के विपरीत भी होती है.''

18. तब उचित तरीका क्या है ? हमारी असली इच्छा का पता कैसे चलेगा ? हम सभी जीवन में खुशी तथा सहयोग चाहते हैं. अगर हम पूरी तरह खुश होंगे तो हमें सब कुछ अच्छा लगेगा. एक

खुशहाल व्यक्ति ही दूसरों को खुशी दे सकता है.

19. खुश होने के लिए, सेहत, शक्ति, अच्छे दोस्त, खुशनुमा माहौल, सुख-सुविधाओं के साधन होने जरूरी हैं.

20. पुराने जमाने में, व्यक्ति जितना है, उतने में ही संतुष्ट रहते थे. पर आज के जमाने में, इसांन सभी कुछ सर्वश्रेष्ठ चाहता है. उसे पता है कि सर्वपिता परमात्मा और इंसान एक ही हैं. हम उसी सर्वव्यापी ईश्वर के अंश हैं.

21. हजारों वर्षों से, ईश्वर की सत्यता के विषय में हमें बताया गया है. वह हर दर्शन और धर्म का सार है. इसे हमें अपने जीवन में लागू करना है. तभी हम वास्तविक, स्थायी नतीजे पा सकते हैं.

22. अब हमें अपने ज्ञान को अभ्यास में लाना है. किसी और तरीके से कुछ भी नहीं पाया जा सकता है. एक धावक, कितनी भी किताबें पढ़े, पर वास्तविक अभ्यास से ही वह शक्ति पा सकता है. वह वही पाएगा, जितना चाहेगा. हमें भी वही मिलेगा जो हम देंगे. पर हमें पहले देना पड़ेगा. यह कई गुना होकर, हमारे पास लौट कर आएगा. यह एक सरल मानसिक प्रक्रिया से किया जाता है. चूंकि विचार कारण हैं तथा स्थितियाँ उनका प्रभाव. अतः साहस, हिम्मत, सेहत से भरे विचार बिल्कुल ऐसा ही प्रभाव देंगे.

23. विचार ऐसी आध्यात्मिक क्रियाएँ हैं जो रचनात्मक तथा त्रुटिरहित होती है. विचार भी तभी कार्य करते हैं जब इन्हें सचेत होकर, रचनात्मक निर्देश दिए जाते हैं. यही निरूद्देश्य तथा उद्देश्यपूर्ण विचारों में अंतर है. निरूद्देश्य विचारों से कोशिशें बेकार हो जाती हैं तथा रचनात्मक विचारों से असीमित सफलताएँ मिलती जाती हैं.

24. अबतक आपको यह समझ आ गया होगा कि हमें जिंदगी में जो भी कुछ प्राप्त होता है वह आकर्षण के नियम से ही प्राप्त होता है. अप्रसन्न मानसिक स्थिति की हालत में कोई भी खुशनुमा विचार नहीं आ सकते हैं. अतः अपनी मानसिकता को बदलो. जैसे ही मानसिकता में परिवर्तन आता है स्थितियाँ स्वतः बदलनी शुरू हो जाती हैं. आपका बदला हुआ नजरिया, अपने आप ही हर वस्तु तथा स्थिति के प्रति दृष्टिकोण बदल डालता है.

25. किसी भी उद्देश्य की जीवन में स्थापना के लिए, हम उस सृष्टि के रचियता की प्रेरणा से, उस की योजना आरंभ करते हैं. यह रचियता, जो सर्वव्यापक, सर्वशक्तिमान तथा सर्वश्रेष्ठ है. अब क्या अपनी उस इच्छा की पूर्ति के लिए, रास्ता हमें उसे बताना होगा ? क्या यह क्षुद्र प्राणी (इंसान) उस सर्वश्रेष्ठ को सलाह दे सकता है ? बस यही असफलता का कारण है. हम उस प्रभु की महानता को तो समझते हैं पर उसकी कार्यप्रणाली को पूरी तरह नहीं जान पाते.

26. हमारा हित इसी में है, कि हम उसकी क्षमता को पहचानें, उसकी असीमित श्रेष्ठता में विश्वास रखें. इसी विश्वास से सपने हकीकत में बदल जाते हैं. अब इसका सीधा अर्थ यही है, कि प्रभु की शक्ति को पहचानने मात्र से ही आपकी इच्छा पूरी हो जाएगी. इस सप्ताह के अभ्यास हेतु, स्वयं को उस सर्वशक्तिमान् का हिस्सा समझने का प्रयत्न करो.

27. जब आप यह समझ जाओगे कि इंसान की 'आत्मा' उसी परमात्मा का अंश है, तब यह भी जान जाओगे कि इंसान में भी वही गुण हैं जैसे कि उस प्रभु में हैं. प्रभु ने अपनी दुनिया भी, बिल्कुल

अपने जैसी ही रची है. आपकी "मैं" उस परमात्मा में एक होकर निराकार से साकार हो जाएगी. तभी आप यह जानोगे कि आपके समक्ष अद्भुत शक्तियाँ बिखरी पड़ी हैं.

"मेरी सत्यपूर्ण क्षमता को उजागर करने वाली, बुद्धि को बढ़ा दो. मेरे इरादों को पक्का कर दो जिससे मैं इस बुद्धि के कार्यों को पूरा कर सकूँ."

– ***फ्रैंकलिन*** *के शब्दों में*

▶ अभ्यास प्रश्न उत्तर सहित

121. प्राकृतिक दर्शनशास्त्री किस तरीके से अपने ज्ञान को प्राप्त करके उसे लागू करते हैं?

वे व्यक्तिगत तथ्यों को, बहुत ध्यान से बिल्कुल ठीक, निरीक्षण करते हैं. किसी भी सामान्य नियम को लागू करने से पहले, वे अपने साधनों की सर्तकता से जाँच करते हैं. इसलिए उन्हें ये साधन पूरी तरह उपलब्ध हो जाते हैं.

122. इस तरीके की सत्यता कैसे निश्चित होगी?

अनुचित, गलत, असंगत बातों को दिमाग से निकाल कर.

123. कौन से विचार, सबसे श्रेष्ठ हैं?

जिन्हें जिंदगी में, रोजाना उचित रूप से आंका नहीं जाता.

124. यह नियम किस तथ्य पर आधारित हैं?

कारणों तथा अनुभवों पर.

125. इससे क्या नष्ट हो जाता है?

अंधविश्वास, अनुचित धारणाएँ.

126. इन विचारों की खोज कैसे हुई?

सामान्य, नए, तर्कपूर्ण विचारों को सामान्यकरके, उनसे असाधारण विचार बनाकर.

127. इस दुनिया में लगातार चलती हुई, अस्पष्ट तथा अजीब गतिविधियों से, हम कैसे अपना हिस्सा (उद्देश्य) प्राप्त कर सकते हैं?

विचारों की रचनात्मक शक्ति के द्वारा.

128. ऐसा क्यों ?

प्रत्येक तथ्य, किसी निश्चित कारण का नतीजा होता है तथा यह कारण, पूरी तर्कता से ही कार्य करते हैं, इनमें गलती नहीं होती.

129. इस ज्ञान का नतीजा क्या है?

यह हर प्रकार की स्थिति के होने का कारण बताता है.

130. हमारे सर्वश्रेष्ठ हितों को कैसे बचाया जा सकता है?

विचारों की रचनात्मक प्रकृति को जानकर हम उस असीमित शक्तिशाली (प्रभु) का हिस्सा बन सकते हैं.

परिचय - भाग चौदह

आप जानते हैं कि विचार एक आध्यात्मिक शक्ति होने के कारण, रचनात्मक होते हैं. सभी प्रकार के विचार क्रियात्मक होते हैं. इसे एक अलग तरीके से भी समझा जा सकता है.

चेतन तथा अर्धचेतन, मानव दिमाग की प्रक्रियाओं के दो हिस्से हैं. इनमें वही संबंध है जो मौसम तथा जलवायु में होता है. जैसे मौसम बदलने से, वातावरण (जलवायु) भी बदलता है, वैसे ही प्रत्येक प्रकार के विचार, दोनों दिमागों पर असर डालते हैं.

अगर आप अनुचित स्थितियों को, दिमाग में नहीं आने देते, इन विचारों से अपनी रचनात्मकता को हटा लेते हो, फिर भी ऐसा करने से, कोई तुरंत बदलाव नहीं आ जाता.

यह बदलाव धीरे-धीरे ही आता है. एक पौधे को जड़ सहित हटाने पर भी उसे सूखने में कुछ वक्त लगता है. ज्यादातर लोग, अपना ध्यान, असंतोषजनक परिस्थितियों पर ही लगाते हैं, जबकि ऐसा नहीं होना चाहिए. इससे उन स्थितियों को और बल मिल जाता है.

भाग

चौदह

1. सभी प्रकार की गतियाँ, प्रकाश, रंग-रूप आदि, उसी सर्वशक्तिमान से निकले हैं. यही शक्ति उन सभी में समाई हुई है. अत: यह शक्ति सर्वोत्तम है. यही सर्वव्यापक प्रभु, सभी शक्तियों तथा बुद्धि-क्षमताओं का स्रोत है.

2. इसे दिमागी शक्ति से जाना जा सकता है. तभी आप स्वयं को उस सर्वव्यापी से मिलाते हुए जीवन में सफलता पा सकते हो.

3. ऐसा अभी तक, बहुत पढ़े-लिखे भौतिक विज्ञान शास्त्रियों ने भी नहीं सोचा. ऐसा क्षेत्रक, जिसकी तरफ किसी ने कदम नहीं बढ़ाया. इस प्रकाश की एक किरण तक को किसी ने नहीं छुआ. उन्हें यह समझ ही नहीं आया कि शक्ति, बुद्धि-ये सभी तरफ, ईश्वरीय वरदान की तरह फैले हुए हैं.

4. कुछ यह कह सकते हैं कि अगर यह नियम सत्य है, तो हम उन्हें क्यों नहीं देख पा रहे ? उनकी शक्ति से वास्तविक उद्देश्य क्यों नहीं जीत पा रहे ? इसका उत्तर सिर्फ इतना है, कि हमें नतीजा सिर्फ उतना ही मिलता है जितना हम इस नियम को समझ पाते हैं और लागू कर पाते हैं. उदाहरण के तौर पर बिजली का उपयोग,

इंसान तभी कर पाया जब किसी ने इसके उपयोग के नियम बनाए.

5. इससे हम अपने वातावरण को एक नए तरीके से समझ सकेगें. हमारे सामने ऐसी नई-नई संभावनाएं होगी, जिनकी पहले किसी ने कल्पना भी नहीं की है. यह हमारी नई मानसिकता के कारण संभव हो पाएगा.

6. दिमाग की रचनात्मक का नियम, सभी वस्तुओं की प्रकृति में झलकता है, अतः यह नियम स्वयंसिद्ध है. पर यह रचनात्मकता व्यक्ति में, सर्वव्यापक प्रभु के कारण उजागर होती है. वही सभी शक्तियों का स्वामी है. ईश्वर की शक्ति को बाँटने का तरीका इंसान है. ईश्वर, स्वयं को अनेक प्रकारों में प्रकट करता है जिससे विश्व की समस्त क्रियाएँ चलती हैं. इन्हें चलाने का जरिया मात्र इंसान है.

7. वैज्ञानिकों ने तत्व को, अनेक सूक्ष्म कणों में बाँटा है. ये सूक्ष्म कण समस्त विश्व में व्याप्त हैं. सभी भरी हुई, खाली जगहों को उन्होंने घेरा हुआ है. इसी में से बाकी सभी वस्तुएँ निकली हैं.

8. इन्हें बनाने वाली शक्ति ही ईश्वर है. इस शक्ति के कारण, ये तत्व बिल्कुल गणितीय शुद्धता से कार्यरत् रहते हैं.

9. हाईड्रोजन सबसे हल्का होता है पर फिर भी यह इलेक्ट्रान से 1700 गुणा भारी होता है मर्करी, इस इलेक्ट्रान से 300,000 गुणा भारी होता है. इलेक्ट्रान से नकारात्मक (निगेटिव) बिजली संचित होती है. इसकी गति भी उतनी ही तीव्र होती है, जितनी

बाकी अन्य प्रकार की ऊर्जाओ की.

10. 1676 में डेनिश खगोलविज्ञ रोमरने बिजली की गति की खोज की थी. उसने यह सिद्ध कर दिया था कि प्रकाश 186,000 मील प्रति सैकंड की गति से चलता है.

11. मानव शरीर के तंतु इसी इलेक्ट्रान से बने हैं. इसी से व्यक्ति अपने भौतिक शरीर के कार्यों को करने की शक्ति पाता है. ये तंतु कुछ स्वयं चलते हैं तथा कुछ समूहों में. कुछ शरीर के लिए जरूरी अन्य कोशिकाओं का निर्माण करते हैं तथा कुछ टूट-फूट का निर्माण आदि कार्य करते हैं. कुछ शरीर की गंदगी साफ करते हैं तथा कुछ शरीर से कीटाणुओं को दूर भगाते हैं.

12. ये सभी मिलकर, एक स्वस्थ शरीर के निर्माण में सहायक होते हैं जिससे व्यक्ति अपने प्रतिदिन के कार्य पूरा कर पाता है. इनसे इंसान को, उचित बुद्धि क्षमता प्राप्त होती है जिससे वह अपनी शक्तियों का इस्तेमाल करके, अपनी जिंदगी को आगे बढ़ाता है. इसलिए यह जरूरी है, कि हमें जरूरी खुराक मिले. यह खुराक हम स्वयं चुन सकते हैं.

13. प्रत्येक तंतु जन्म लेता है, वंश बढ़ाता है और समाप्त होकर मिट्टी में मिल जाता है. इसी बात पर सेहत तथा जिंदगी टिकी है.

14. अत: यह स्पष्ट है कि शरीर के प्रत्येक तत्व में बुद्धि है. यह बुद्धि, इंसान की सोचने की शक्ति से उचित कार्य करती है. यह मानव बुद्धि को कार्य-प्रणाली की वैज्ञानिक विवेचना है.

15. अर्धचेतन दिमाग, हमारी जाग्रक शक्ति के बिना कार्य करता है. पर साथ-साथ यह चेतन दिमाग की इच्छा के प्रति उत्तरदायी भी होता है.

16. प्रत्येक विचार का जन्म दिमाग में ही होता है. उनका स्वयं में कोई स्रोत नहीं होता. चूंकि इन्हें विचारों से पैदा किया जाता है, अत: विचारों से ही इनका नाश भी किया जा सकता है.

17. प्राकृतिक विज्ञान की तरह, मानसिक तौर पर परीक्षण चलते रहते हैं. प्रत्येक खोज मनुष्य को उसके लक्ष्य की तरफ एक कदम और ले जाती है. प्रत्येक व्यक्ति अपनी जिंदगी में जैसा सोचता-विचारता है, उसकी सोच उसके व्यक्तित्व का वैसा ही निर्माण कर देती है. यह बात उसके चेहरे-चरित्र, उसके वातावरण में नजर आती है.

18. प्रत्येक प्रभाव के पीछे कोई न कोई कारण छुपा होता है. अगर हम इसके शुरूआती कदम को समझें तो हमें इसके निर्माण का नियम भी समझ में आ जाएगा.

19. एक अदृश्य शक्ति ने भौतिक दुनिया को नियंत्रित कर रखा है. हम इसे भगवान कहते हैं. इस संसार में जो भी कुछ व्याप्त है वह इसी असीमित सर्वव्यापक दिमाग के कारण अस्तित्व में हैं. इसी से सभी कुछ बना है, इसी में समाया हुआ है.

20. यह सर्वशक्तिशाली, स्वयं में असीमित शक्ति लिए है. यह सर्वत्र मौजूद है. हम भी इसी का एक हिस्सा हैं.

21. जैसे समुद्र के पानी की हर बूँद बिल्कुल वैसे ही गुण रखती है. उसी प्रकार हम भी बिल्कुल उसी ईश्वर के प्रतिरूप हैं.

22. अर्धचेतन दिमाग, इंसान तथा भगवान को जोड़ने वाली कड़ी है. यह चेतन दिमाग से संचालित होता है. सर्वशक्तिमान् का हिस्सा होने के कारण, इसकी गतिविधियों पर भी कोई सीमा नहीं रहती.

23. प्रार्थना की शक्ति से, अद्‌भुत नतीजे पाए जा सकते हैं. यह कार्य किसी जादू से नहीं होते बल्कि बिल्कुल प्राकृतिक नियमों के द्वारा ही पूरे होते हैं. इसमें कुछ भी रहस्यात्मक या धार्मिक अंधविश्वास नहीं है.

24. फिर भी कुछ लोग सोचने के तरीका का सही अनुशासन मानने को तैयार नहीं होते. जबकि उन्हें पता होता है कि गलत विचारों से असफलता ही हाथ लगती है.

25. विचार ही एक मात्र सत्य हैं, स्थितियाँ उनका कार्यरूप हैं. विचारों में परिवर्तन होते ही स्थितियों में भी परिवर्तन हो जाता है.

26. पर विचार एकदम स्पष्ट, शांत, निश्चित तथा अपरिवर्तनीय होने चाहिएँ. गलत विचारों से गलत दिशा में जिंदगी चली जाती है. आप एक कदम आगे तथा दो कदम पीछे चलकर स्वयं के लिये, कठिनाईयाँ ही पैदा करोगे. जिंदगी के 20-30 वर्षो की गलत स्थितियों को 20-30 मिनट की सही विचार-प्रक्रिया से नहीं बदला जा सकता.

27. अपनी जिंदगी में मूल परिवर्तन लाने हेतु, यह नियम, बिल्कुल सावधानी पुर्वक विचार करने पर अपनाना चाहिए. फिर इस

कार्य में किसी किस्म का हस्तक्षेप भी नहीं होना चाहिए.

28. इस विचार–परिवर्तन से न केवल आपकी मानसिक स्थिति में परिवर्तन होगा बल्कि आपके भले के लिए जरूरी सभी भौतिक वस्तुएँ आपको प्राप्त हो जाएँगी. सेहत तथा अनुकूल परिस्थितियाँ भी मिल जाएँगी.

29. अनुकूल परिस्थितियाँ लाने के लिए, अनुकूल मानसिकता बनाईये.

30. धीरे–धीरे आपकी बाहरी दुनिया अंदरूनी दुनिया की तरह हो जाएगी.

31. इस सप्ताह के अभ्यास के लिए, अनुकूलता पर ध्यान लगाओ. कि आस–पास की हर वस्तु, परिस्थिति अनुकूल लगने लगे. मात्र इस किताब को पढ़ने से कुछ नहीं होगा, करना भी होगा. इन सब विचारों को वास्तव में लागू करने से ही, कुछ पा सकते हो.

"ऐसी वस्तुएँ या विचार, जिनका कोई ओर–छोर नहीं नजर आता, उनके लिए अपने दिमाग के दरवाजे बंद कर दो. उन्हें न केवल अपने दिमाग बल्कि अपनी जिंदगी से भी बेदखल कर दो."

*– **जार्ज मैथ्यू एडम्स** के शब्दों में*

▶ अभ्यास प्रश्न उत्तर सहित

131. सभी प्रकार की बुद्धि तथा शक्तियों का स्त्रोत क्या है ?
सर्वव्यापक दिमाग

132. सभी किस्म की गतियों, प्रकाश, गर्मी, रंग-रूप आदि का जन्म कहाँ से हुआ था?
सर्वव्यापक दिमाग की सर्वव्यापक शक्ति से.

133. विचारों की रचनात्मक शक्ति कहाँ से जन्मीं?
सर्वव्यापक दिमाग से.

134. विचार क्या हैं?
दिमाग की कार्य-प्रक्रिया

135. सर्वशक्तिमान ने स्वयं को किस प्रकार प्रकट किया है?
इंसानों के द्वारा.

136. यह कार्य कैसे पूरा किया गया?
इंसान की सोचने की शक्ति से, वह प्रभु की इच्छा पर कार्य कर पाया तथा अपनी जिंदगी के उद्देश्यों को पाने में कामयाब हुआ.

137. प्रभु का सूक्ष्म रूप क्या हैं?
इलेक्ट्रान, जिन्होंने संपूर्ण स्थानों को घेरा है.

138. सभी वस्तुओं तथा विचारों का जन्म कहाँ होता है?

दिमाग में.

139. विचारों में परिवर्तन से क्या होता है?

स्थितियों में परिवर्तन आ जाता है.

140. एक उचित, मानसिक व्यवहार का क्या नतीजा निकलता है?

जिंदगी में अनुकूलता आती है. विचार अभौतिक होते हुए भी, वे ढाँचे हैं, जिन से जिंदगी की शक्ल, निर्धारित होती है.

परिचय - भाग पंद्रह

जैकिस लोच, पीएच.डी,जो कि रॉकफेलर संस्था के सदस्य हैं, ने पराजीवियों (पैरासाइटस) पर किए एक अनुसंधान में पाया कि छोटे से छोटा जीव भी, अपने अस्तित्व की रक्षा करता है.

इससे यह पता चलता है, कि सर्वज्ञ, सर्वशक्तिमान (प्रभु) सृष्टि के कण-कण में व्याप्त है. उस की इसी उपस्थिति का लाभ, छोटे से छोटे जीव तक को है.

भाग-15, आपको इसके विषय में और अधिक जानकारी देगा. यह समझ लीजिए कि ये सभी नियम, हमारी बेहतरी के लिए कार्य करते हैं.

जितनी हम कोशिशें बढ़ाते जाते हैं, उतनी ही हमारी शक्ति बढ़ती जाती है. अगर व्यक्ति प्राकृतिक नियमों से जागृक सहयोग करके चले तो वह ज्यादा से ज्यादा खुशी पा सकता है.

भाग

पंद्रह

1. सृष्टि के प्रत्येक नियम, मानवों के हितों के लिए ही बने हैं. ये सभी नियम अपरिवर्तनीय हैं. सभी जीवों को इन्हें मानना ही पड़ता है.

2. सभी उच्च शक्तियाँ, शांत होकर अपना कार्य करती रहती हैं. उनसे लाभ उठाना, अपना स्थान बनाना, हम पर निर्भर है. इसी से जीवन में शांति तथा सुख संभव है.

3. कठिनाईयाँ इस बात का प्रतीक हैं, कि या तो जिस चीज की हमें आवश्यकता नहीं है हम उसे नहीं छोड़ पा रहे हैं या फिर जो हमें चाहिए, उसे लेने से मना कर रहे हैं.

4. पुराने को छोड़कर, नया अपनाने से ही वृद्धि होती है. यह एक क्रिया-प्रतिक्रियावाली स्थिति है. हममें से प्रत्येक, एक पूर्ण विचार करनेवाली विशेष वस्तु है और यही पूर्णता, देकर पाने को संभव कराती है.

5. जो आपके पास है, अगर उससे जबरदस्ती चिपटे रहेगें तो, जो नहीं है, वह नहीं पा सकते. हम अपनी परिस्थितियों को पूरी तरह नियंत्रित कर सकते हैं, अगर हम यह समझ जाएँ कि हमें वास्तव

में क्या चाहिए ? फिर अग्रिम वृद्धि के लिए सिर्फ वही पाओगे जो चाहते हो. इसी पाने की शक्ति पर हमारी खुशी आधारित है.

6. हमारी वृद्धि के लिए जो भी जरूरी है, उसे पाने की योग्यता, लगातार बढ़ती रहती है. जितनी दूरदृष्टिता होगी, उतनी ही योग्यता भी बढ़ेगी. हम पूरी योग्यता से, स्पष्टता से अपने उद्देश्य को समझकर, साधनों को आकर्षित करेगें. सिर्फ वही हम तक पहुँचेगा जो हमारे लिए जरूरी है.

7. यह सभी स्थितियाँ तथा अनुभव, हमारे हितों के लिए हैं. कठिनाईयाँ तथा बाधाएँ भी लगातार आती रहती हैं, पर हम अपनी बुद्धि से इन सब पर विजय पाते जाएँगें.

8. गणितीय तौर पर, यह तथ्य बिल्कुल ठीक है, कि जो बोओगे वही पाओगे. मुश्किलों से पार पाने के लिए, जितनी शक्ति चाहिए, बिल्कुल उतनी ही स्थायी शक्ति स्वयं में महसूस करोगे.

9. वृद्धि के लिए, खास तौर पर जरूरी है, कि अपने लिए सभी साधनों को, अपनी तरफ आकर्षित करो.

10. विचारों की रचनात्मकता को बढ़ाने के लिए उन्हें प्रेम से मजबूत करो.

11. आकर्षण का नियम, प्यार की भावना पर आधारित है. ऐसा होने पर ही, आप अपनी वृद्धि के लिए आवश्यक साधन जुटा पाएँगें.

12. प्यार की अभिव्यक्ति, अपने विचारों में करने के लिए आपको शब्दों का सहारा लेना पड़ता है. शब्दों के द्वारा ही आप अपने विचारों को दूसरे तक पहुँचा पाते हो.

13. विचारों को, आकार में लाने के लिए ही भिन्न-भिन्न प्रकार की क्रियाएँ की जाती हैं. अत: यह मान कर चलिए कि इच्छित परिस्थितियों के लिए, इच्छित विचारों को ही प्रकट करना चाहिए.

14. निश्चित तौर पर इससे यह समझना चाहिए कि अगर जिंदगी में प्रचुरता चाहिए तो विचारों में प्रचुरता लाओ. विचारों को शब्दों के द्वारा ही क्रिया रूप में प्रकट किया जाता है. सदा रचनात्मक तथा सकारात्मक भाषा का प्रयोग करें जिससे सदा सभी का लाभ होगा.

15. हमारे दिमाग में लगातार आनेवाली काल्पनिक तस्वीरें को वही शक्ल मिलती है, जैसे हमारे विचार होते हैं. सही भाषा के इस्तेमाल न करने पर तस्वीरें भी सही नहीं बनती.

16. जैसे-जैसे विचारों में स्पष्टता बढ़ती जाती है, वैसे-वैसे जिंदगी की उड़ान ऊँची होने लगती है. ऐसा तभी होता है जब स्पष्ट विचारों से स्पष्ट तस्वीरें बने. अस्पष्टता या गलत विचार, धीरे-धीरे स्वत: ही हट जाते हैं.

17. इसी उद्देश्य को ध्यान में रखते हुए अपने विचारों को चुनो. इसमें अत्यंत सावधानी बरतो.

18. मनुष्य को जानवर से अलग मात्र बोली के द्वारा ही किया गया है. मनुष्य अपनी बात को बोलकर समझा सकता है जबकि जानवर नहीं. लिखने की ताकत से पीढ़ी दर पीढ़ी ज्ञान आगे पहुँचता है.

19. इसी कारण इंसान, महान विचारकों के सिद्धांत जान पाया. यह आज तक के समस्त रिकार्डो का सर्वव्याप्त विचार है, जो सृष्टि के आरंभ से अब तक इंसान के दिमाग में जगह ले सके.

20. हम जानते हैं कि व्यक्तिगत विचार भी सर्वव्यापक विचारों की तरह, सदा स्वयं को व्यक्त करते हैं. हम यह भी जानते हैं कि शब्द ही विचारों को आकार देते हैं अतः वाक्य भी विचारों की अभिव्यक्ति ही हैं. अतः सावधानी पूर्वक वाक्य चुन कर बोलो. बोलने में बिल्कुल ठीक तथा स्पष्ट रहने से, सभ्यता का निर्माण बिल्कुल ठीक होगा तथा सफलता अवश्य मिलेगी.

21. शब्द ऐसी अदृश्य ताकत हैं जो मनचाहा आकार ले लेते हैं.

22. शब्दों से व्यक्ति का मानस निर्धारित हो जाता है. कमजोर विचारों के कमजोर शब्दों से कमजोर मानस ही बनेगा. मजबूत, उद्देश्यपूर्ण, ज्ञानवान शब्दों से भूत का इतिहास पता चलता है तथा साथ ही साथ भविष्य की आशा का भी निर्माण होता है. ये ऐसी जीवित क्रियाएँ हैं जिनसे प्रत्येक मानवीय तथा अमानवीय क्रियाएँ रची गई हैं.

23. विचारों की सुंदरता से ही शब्दों की सुंदरता बनती है. विचारों की शक्ति से ही शब्दों को शक्ति तथा महत्व मिलता है. पर इसके कुछ नियम भी होते हैं. आओ इन्हें जानें.

24. गणित में गलतियों के लिए स्थान नहीं है. सेहत के नियम में बीमारी की जगह नहीं है. सत्य में बेईमानी का स्थान नहीं. प्रकाश में अंधेरे की गुंजाइश नहीं तथा प्रचुरता में गरीबी नहीं होती.

25. इस नियम की सत्यता इस बात से स्पष्ट होती है, कि जो भी नियम पूरी तरह लागू होगा उसका नतीजा बिल्कुल, पूरी तरह सही ही होगा. उसमें किसी भी प्रकार की कमी या गलती नहीं होगी.

26. यह तथ्य स्वयं में ही सत्य के साक्षी हैं. नियमपूर्ण विचार महत्वपूर्ण होते हैं. अत: स्वयं की वृद्धि के लिए, ये अपनी जड़ें फैलाते हैं. और अंतत: गलत विचारों को हटाने में कामयाब होकर ही रहते हैं.

27. इस तथ्य से आप हर प्रकार के गलत, घृणा कमी के विचारों को पीछे धकेल दोगे.

28. बुद्धिवान् व्यक्ति, विचारों की रचनात्मक शक्ति को अवश्य ही पहचानकर, अपनी किस्मत के स्वयं मालिक बन जाते हैं.

29. भौतिक दुनिया में, एक मुआवजे का नियम, कार्य करता है अर्थात् शक्ति देने से ही शक्ति पाई जा सकती है. जितना दोगे,

उतना ही पाओगे. जो भी कार्य करो, उसके संभावित नतीजे के लिए तैयार रहो. अर्धचेतन कोई बहस नहीं करता, सिर्फ कहे हुए को मानता है. अगर हमने कुछ चाहा है तो उसे पाने को तैयार रहो.

30. अत: समझदारी से विचार करो. जो स्थितियाँ अपनी जिंदगी में नहीं चाहते हो, उन्हें अपने विचारों में स्थान मत दो.

31. समझपूर्वक विचार करने से, हम तथ्यों का निरीक्षण-परीक्षण, हर प्रकार से करते हैं. उस की कमियों तथा त्रुटियों को समझ पाते हैं. उसकी संभावनाओं को जान पाते हैं.

32. समझपूर्वक विचार करने से हम आने वाली कठिनाईयों का सामना करने को तैयार हो जाते हैं. इससे पहले कि ये मुश्किले हमें परेशान करें, हम इन पर विजय पा लेते हैं.

33. ऐसी विचारधार से, सिर्फ सही दिशा में ही विचारों का निर्माण होता है.

34. किसी भी बड़ी सफलता को पाने के लिए, समझदारी पूर्वक विचार करना, अत्यंत जरूरी है, क्योंकि ऐसा करने से हम किसी भी मुश्किल को हल करने की मानसिक शक्ति को पा सकते हैं.

35. इसे गहन ध्यान से, शांत रहकर बढ़ाया जा सकता है. यह अंदरूनी दुनिया में ही पैदा होती है.

36. इस सप्ताह के अभ्यास के लिए, गहन ध्यान लगाओ. इस

के लिए, पूर्व-निर्धारित स्थिति में बैठो. आपको सोचना-विचारना नहीं है बल्कि विचारों की (सोचे हुए) रचनात्मक शक्ति को जीतना है. ज्ञान स्वयं कुछ नहीं करता है. हमारे कार्य, आदतों तथा रीति-रिवाजों से निर्धारित होते हैं, ज्ञान से नहीं. ज्ञान को कार्यों में व्यक्त करने के लिए, एक निश्चित सचेत कोशिश करो. इस्तेमाल न करने पर ज्ञान बेकार हो जाता है. इसे इस्तेमाल करके ही बढ़ा सकते हो. इसी विचार पर तब तक ध्यान लगाओ जब तक कि आपको जरूरी समझ प्राप्त न हो जाए.

''सत्य पूर्ण विचार ही सोचो.

अगर आप सत्य ही बोलोगे तो आपका प्रत्येक शब्द,

दुनिया में फैले अज्ञान,

असत्य रूपी अकाल को समाप्त करने में काम देगा.

सत्य पूर्ण जिंदगी सदा उत्तम तथा स्वयं में परिपूर्ण होती है.''

– ***होरेटियो बोनार*** *के अनुसार*

▶ अभ्यास प्रश्न उत्तर सहित

141. सहयोग पाने के लिए क्या करना जरूरी है ?

अपनी वृद्धि के लिए, जीवन के हर अनुभव में से, अच्छाई (सत्य) को ढूँढ पाना.

142. मुश्किलें क्या बताती हैं?

ये हमारी बुद्धि-परीक्षण तथा आध्यात्मिकता के लिए जरूरी हैं.

143. इन्हें कैसे हटाया जाए?

प्राकृतिक नियमों से सहयोग द्वारा.

144. विचार किस नियम से आकार पाते हैं?

आकर्षण के नियम से.

145. वृद्धि, विकास तथा परिपक्वता भरे विचारों पाने के लिए, किन साधनों की आवश्यकता पड़ती है?

समस्त विश्व का आधार प्रेम है. यही विचारों को शक्ति प्रदान करता है. आकर्षण के नियम से ही, वृद्धि के लिए जरूरी साधन आ जाते हैं.

146. वांछित स्थितियाँ कैसे पाई जाएँ ?

मात्र इच्छित विचारों को ग्रहण करके.

147. अवांच्छित स्थितियाँ कैसे आ जाती हैं?

कमी, सीमितता, बीमारी, असहयोग तथा घृणा पूर्ण विचारों को सोचने व कल्पना करने से ऐसी ही स्थितियाँ पैदा हो जाती हैं. अर्धचेतन में गलत विचार भरने से, वह उन्हीं की तस्वीरें बनाता है तथा आकर्षण के नियम के नियम से, वे भौतिक रूप ले लेते हैं. वैज्ञानिक तौर पर भी यही कहा गया है, कि जो बोओगे, वही पाओगे.

148. हर प्रकार के डर, कमी, गरीबी आदि पर कैसे काबू पाया जा सकता है?

गलतियों को नियमों द्वारा सुधारकर.

149. नियमों को कैसे पहचाना जाए?

सत्य से अवश्य ही असत्य का नाश होता है. प्रकाश के आते ही, अंधेरा स्वत: भाग जाता है, उसे धक्का नहीं देना पड़ता. यह तथ्य प्रत्येक प्रकार के नकारात्मक विचारों पर लागू होता है.

150. समझपूर्ण विचार करने का क्या महत्व है?

इससे हम ज्ञान को लागू करके, उससे अपना उद्देश्य प्राप्त करने में कामयाब होते हैं. .

''प्रत्येक के लिए अनेक संभावनाएँ सामने होती हैं,
पर केवल, उच्च विचार वाले लोग ही इसे समझ पाते हैं.
निम्न विचार वाले, नीचे ही गिरते जाते हैं.
इन दोनों के बीच के लोग,
इधर–उधर होकर ही रह जाते हैं.
तो हर व्यक्ति को अपना रास्ता स्वयं ही बनाना है.''

परिचय - भाग सोलह

इस विश्व की गतिविधियाँ, समय की गति से निर्धारित होती हैं. प्रत्येक वस्तु जो जन्म लेती है, वह वृद्धि करती है, अपने जैसे जीवों को जन्म देती है तथा समाप्त हो जाती है. यह सभी समयावधियाँ, सात के नियम से चलती हैं.

इसी से चाँद की कलाएँ, सप्ताह के दिन, स्वर, प्रकाश, गरमी, बिजली, चुम्बकीय शक्ति आदि चलती हैं. यह नियम व्यक्तियों तथा राष्ट्रों को भी नियंत्रित करता है. इसी से व्यापारिक विश्व की क्रियाएँ प्रभावित होती हैं.

जिदंगी में वृद्धि से बदलाव आते हैं. प्रत्येक सात वर्षों से एक नया चक्र शुरू होता है. बचपन, बालवस्था, किशोरावस्था, जवानी तथा फिर 35 से 42 वें वर्ष में, फिर से पुनःनिर्माण का समय आता है. इस समय में व्यक्ति नए सिरेसे जिंदगी में शुरूआत करता है. फिर 50वें वर्ष से व्यक्ति पुनः ये सात का चक्र शुरू करता है.

कुछ लोग इसी चक्र में फँसे रह जाते हैं. पर कुछ लोग जो इन चक्रों को समझते हैं. वे यह भी समझते हैं कि यह चक्र, स्थितियों के विपरीत होने से भी रूकता नहीं. पर वे यह समझते हैं कि एक ऊपरी शक्ति, सभी दूसरे नियमों को पूर्ण रूप से नियंत्रित कर रही है. आध्यात्मिक नियमों को पूरी तरह समझ कर लागू करने से, प्रत्येक परेशानी को वरदान में बदला जा सकता है.

भाग

सोलह

1. मेहनत से धन–संपदाएँ इकट्ठी की जाती है. ये प्रभाव हैं, कारण नहीं. ये एक सेवक हैं. मास्टर नहीं, साधन हैं, संप्रति नहीं.

2. लोग बहुधा यह मानते हैं कि धन से जीवन को सुखी बनाने के सभी सामान आ जाते हैं. धन से जीवन की कोई भी सुविधा खरीदी जा सकती है.

3. पर वास्तविकता यह है, कि धन स्वयं में उपयोगी नहीं है बल्कि इसे देकर ही कुछ खरीदा जा सकता है.

4. इस तरीके से हम इसे एक ऐसे साधन के रूप में इस्तेमाल करते हैं, जिसको खर्च करके हम अपने लिए वास्तविक तौर पर मूल्यवान वस्तुएं पा सकते हैं.

5. अत: यह उद्देश्यों को पाने का साधन है, स्वयं में उद्देश्य नहीं. सफलता इस धन के ढेर लगाने में नहीं है, बल्कि कुछ अन्य उच्च आदर्शों में छिपी है. जिसे वही सफलता पानी है. उसे अपने लिए ऐसे आदर्श चुनने होंगें.

6. आदर्श (उद्देश्य) चुनने के लिए, इसे पाने के तरीके तथा

साधन ढूंढने होंगे. पर ध्यान रखिए कि ये साधन ही सफलता नहीं है. जैसे धन आपको, आपके उद्देश्यों की तरफ ले जाने का साधन हो सकता है, स्वयं में उद्देश्य नहीं. एक निश्चित उद्देश्य ढूँढिए और उस पर कायम रहिए.

7. प्रेंटिंस मलफोर्ड, "महान आध्यात्मिक विचारों के व्यक्ति ही महान सफलता पाते हैं. प्रत्येक आध्यात्मिक शक्ति के साथ, महान सौभाग्यवान् होना भी जुड़ा है. दुर्भाग्य से लोग, यह बात नहीं समझ पाते. वे यह नहीं जान पाते कि महान व्यक्तियों ने, शुरूआत बहुत असहयोगी परिस्थितियों से की थी, पर वे कभी भी रूके नहीं, न ही हतोत्साहित हुए.

8. आध्यात्म पर ही रचना करने की शक्ति छुपी है. इसके तीन कदम हैं : उद्देश्य ढूँढना, उसकी एक मानसिक तस्वीर तैयार करना, उस तस्वीर को भौतिक रूप प्रदान करना. प्रत्येक सफल व्यक्ति बिल्कुल यही तरीका अपनाता है. एवरीबॉडी मैगजीन में हेनरी एम. फ्लेगरने, जो एक अत्यंत अमीर व्यक्ति हैं, यही माना कि उनकी सफलता का राज है–उनकी दूरदृष्टिता तथा निश्चित उद्देश्यों को पूरा करने के लिए मेहनत करने की प्रवृत्ति का होना. उसने ये तीनों कदम उठाते हुए, आध्यात्मिक शक्तियाँ प्राप्त कीं.

9. जो भी कुछ पाना चाहते हो, उसी का दिन रात सपना देखो.

10. हम देखते हैं विचारों से ही कार्यों की रूप–रेखा बनती है. बुद्धिमान व्यक्ति यह समझते हैं कि कोई भी अचानक आनेवाली

बाधा ज्यादा देर तक नहीं रहती. एक सतत्, उचित तरीके से कार्य करके कोई भी कार्य पूरा किया जा सकता है.

11. एक सफल बिजनैसमैन सदा ऊँची उड़ान भरता है, वह मात्र आदर्शवादी नहीं होता. विचारों की ताकत, जब हमारी प्रतिदिन की दिनचर्या में शामिल हो जाती है तो जिंदगी रफ्तार पकड़ लेती है.

12. विचारों के द्वारा ही हम अपनी जिंदगी की बढ़ती हुई शक्ल बनाते हैं. उन्हें इस्तेमाल करके अपने सपनों को हकीकत में बदलते हैं. उद्देश्य पाने की एकमात्र जरूरत है, इन्हें ठीक दिशा में ले जाना.

13. खतरे, बेईज्जती से बचने के लिए बेईमानी से बचो. जो वस्तु हमने ईमानदारी से नहीं जोड़ी है, वह ज्यादा देर तक हमारे पास नहीं रह पाती.

14. बाहरी दुनिया की परिस्थितियाँ, सदा अंदरूनी दुनिया के विचारों का परिणाम होती हैं. यही आकर्षण का नियम है.

15. आपके आस-पास जो भी घटित होता है, उस सबसे दिमाग में एक तस्वीर बन जाती है जिससे व्यक्ति को क्रियात्मक शक्तियाँ मिलती हैं. ये अनुभव ज्यादातर माहौल, मौकों, पिछले विचारों तथा अन्य गलत विचारों के कारण होती हैं. इन्हें विचारने से पूर्व इन का इन पर अच्छी तरह विचार करना चाहिए. हम अपने स्वयं के आंतरिक विचारों से अपनी मानसिक स्पष्ट तस्वीरें तैयार

कर सकते हैं सभी प्रकार की बाहरी दखल अंदाजियों को दूर रखो. इस प्रकार के अभ्यास से हम अपने भाग्य, शरीर, दिमाग और आत्मा पर नियंत्रण पा सकते हैं.

16. इससे हम अचानक आने वाली रुकावटों को भी दूर कर सकते हैं. सचेत होकर जो चाहते हो, उसे पाने की दिशा में कार्य करो. क्योंकि ऐसा करने पर ही मनचाहा पा सकते हो. अत: स्पष्ट है कि प्रत्येक विचार की स्पष्ट विवेचना होनी चाहिए.

17. अत: विचारों पर नियंत्रण करके, स्थितियों, माहौल तथा भाग्य को भी काबू किया जा सकता है.

18. विचार सोचने से ही बनते हैं. पर विचारों का नतीजा उचित पाने के लिए उचित विचारों का होना जरूरी है.

19. जैसी मानसिक तस्वीरें होगीं, वैसे ही विचार आएँगें. यह आपकी दृष्टि की स्पष्टता पर निर्भर करता है.

20. विचारों की गुणवत्ता, पूर्व, तथ्यों पर निर्भर है, जो आपके दिमाग में इकट्ठे हो रखे हैं. अगर ये विचार साहस, ताकत, मजबूती तथा निश्चिततापूर्ण हैं तो इनका नतीजा भी ऐसा ही होगा.

21. जिस तरह से इस विचार को महत्व दिया जाता है उसी तरह की भावनाएँ पैदा हो जाती हैं. वे बढ़ते, फलते-फूलते हैं. वे स्वयं के लिए जरूरी हर परिस्थिति को अपनी तरफ खींच लेते हैं.

22. यदि विचार गलत प्रवृत्ति के हैं, तो वे स्वयं ही विनाश को

प्राप्त हो जाएँगें. ये विचार बीमारी तथा हर प्रकार की परेशानियाँ पैदा करते हैं.

23. इसे ही हम बुराई (शैतान) कहते हैं. जब भी व्यक्ति में ऐसे विचार पनप जाते हैं तो कई बार लोग इसके लिए भी प्रभु को दोषी ठहराते हैं, पर वह इस सबके लिए जिम्मेदार नहीं हैं.

24. प्रभु तो न अच्छे हैं, न बुरे हैं. जैसा आपका नजरिया होगा, वैसे ही वे हमें प्रतीत होते हैं.

25. इसे आकाररूप में लाने की हमारी योग्यता ही अच्छा या बुरा बनाने की योग्यता है.

26. अच्छा/बुरा, तो मात्र शब्द हैं, जो हमारे कार्यों के नतीजों को दर्शातें हैं. और ये सीधे तौर पर हमारे विचारों के कारण ही तय होता है.

27. अगर विचार रचनात्मक हैं तो नतीजा अच्छा होगा. अगर विचार गलत हैं तो नतीजा भी वैसा ही होगा.

28. अगर आप अपने लिए सर्वोत्तम परिस्थितियाँ चाहते हो, तो सिर्फ अपने विचारों को दिमाग में स्थान दो, जब तक ये स्वप्न सत्य न हो जाएँ, इस प्रक्रिया में किसी भी अन्य व्यक्ति, वस्तु या परिस्थिति के लिए कोई स्थान नहीं है. ऐसा करने से जो भी आपके लिए आवश्यक है वह सब आपको मिल जाएगा. सही लोग, सही वस्तुएँ, सही समय तथा सही स्थान पर मिल जाएँगे.

29. इस शक्ति से चरित्र, योग्यता, उद्देश्य-पूर्ति, माहौल, भाग्य-सभी पर पूर्ण नियंत्रण पाया जा सकता है. वैज्ञानिक विचार न होते हुए भी यही सत्य है.

30. जो हम देखते, सोचते हैं, उसी प्रकार की हमारी धारणाएँ बन जाती हैं. इसी से आगे चलकर हमारी मानसिक योग्यता निर्धारित होती है. आप इसे यूँ कह सकते हो कि हमारी योग्यताओं में सुधार से स्वत: ही हमारे लक्ष्य नजदीक आ जाते हैं तथा परिस्थितियों पर बेहतर नियंत्रण हो जाता है.

31. प्राकृतिक नियम सदा, बिल्कुल ठीक चलते हैं. इस तथ्य को अपने सामान्य जीवन में उतारो. अच्छे को अच्छा मिलता है, अंत बुरे का बुरा.

32. अगर किसी इच्छा की पूर्ति करना चाहते हो, तो उसकी सफलता की तस्वीर तैयार करो. इस प्रकार करने से आप इसे वैज्ञानिक तौर पर आकर्षित कर पाओगे.

33. भौतिक दुनिया में जो पहले से मौजूद है, वही हम अपनी आँखों से देखते हैं, पर हम जो लक्ष्य साधते हैं, वह पूर्वत: आध्यात्मिक दुनिया में मौजूद है. यह बाद में भौतिक रूप ले लेगा. बस अपने आदर्शों के प्रति वफादार रहो. यह कार्य उतना कठिन भी नहीं है. मानसिक तौर पर तस्वीर बनाना, कल्पना करने के ही बराबर है. इससे दिमाग में रूपरेखा तैयार होनी शुरू हो जाती है. यही बाद में विचारपूर्ण उद्देश्यों में बदल जाती है. इसी योजना को

बाद में संसार के मुख्य कर्ता-धर्ता (प्रभु) आप के भविष्य में बदल देंगे.

34. मनोवैज्ञानिकों का मानना है कि व्यक्ति को महसूस करने की शक्ति प्राप्त होती है तथा बाकी अन्य ज्ञानेन्द्रियाँ इसी की शाखाएँ हैं. यही महसूस करने की शक्ति, अन्य शक्तियाँ प्रदान करती है. जरा सोचिए, ऐसा क्यों होता है कि भावनाएँ बहुत आसानी से दिलो-दिमाग पर काबू पा लेती हैं या फिर अपने विचारों को, शब्दों में बदलने के लिए, उन में भावनाएँ डालनी पड़ती हैं. तभी वे शब्द, ठीक प्रकार से कार्यरूप ले पाते हैं. विचार तथा भावनाएँ, दोनों एक बेजोड़ मिश्रण बनाते हैं, जो व्यक्ति को कामयाबी की ओर ले जाता हैं.

35. मानसिक तौर पर रूपरेखा बनाना, आपकी इच्छा पर निर्धारित है. हम जो चाहते हैं, वही सोचते हैं पर विचारों को, चारों दिशाओं में भागने के लिए नहीं छोड़ देना चाहिए. कल्पना एक अच्छा सेवक तो है, पर बुरा मालिक भी है. अगर इसे ठीक प्रकार से नियंत्रित न किया जाए तो यह व्यर्थ की बातों, निराधार तर्कों के जाल में फंसकर रह जाती है. प्रत्येक तर्कपूर्ण या बेतुकी बात को जाँचे, परखें बिना ही, मानने से, सिर्फ मानसिक अशांति ही प्राप्त होगी.

36. वैज्ञानिक तौर पर खरी मानसिक तस्वीरें बनाओ. प्रत्येक विचार को, सही-गलत की कसौटी पर परखो. सिर्फ वही चुनो जो बिल्कुल सही है. आरंभ में ऐसा लगेगा जैसे आप कुछ नहीं कर रहे हो, पर बाद में अवश्य सफलता आपके हाथ लगेगी. इसे व्यापारी

दूरदृष्टिता कहते हैं.

37. इस सप्ताह के अभ्यास के लिए, यह समझ लीजिए कि खुशी तथा शांति, ये दोनो मानसिक जागृकता से संभव हैं. संपदाओं को हासिल करने से, ये हासिल नहीं होते. सिर्फ और सिर्फ सही मानसिक स्थिति के प्रभाव से व्यक्ति अपने जीवन में, खुशी पा सकता है. भौतिक रूप से सफलता पाने के लिए भी, वैसा ही मानसिक व्यवहार होना जरूरी है. आध्यात्मिक प्रवृत्ति को जागृक करने से, मानसिक व्यवहार में उचित परिवर्तन लाया जा सकता है. यह परिवर्तन हमें विश्वात्मा से जोड़ता है. जो इस विश्व के समस्त तत्वों का सार है. यह परिवर्तन ही हमारी खुशियाँ, हमें दे सकता हैं. यही वैज्ञानिक विचारधारा है. जब हम स्वयं को आध्यात्मिक तौर पर विकसित कर लेते हैं तो उद्देश्य पूर्ति अत्यंत आसान हो जाती है. यही "सत्य" है, जो हर प्रकार की बाधा को "खत्म" कर देता है.

"इंसान ने अनेक बड़े-बड़े कार्य किए हैं पर फिर वे उस प्रभु की शक्ति के सामने तुच्छ हैं."

– एच. डब्ल्यू. बीचर

▶ अभ्यास प्रश्न उत्तर सहित

151. भौतिक संपदाएँ किस पर निर्भर हैं?

विचारों की रचनात्मक शक्तियों को समझने पर.

152. इनके उचित मूल्य क्या है?

इसे देकर अन्य वस्तुएँ खरीदीं जा सकती हैं.

153. सफलता किस पर निर्भर है?

आध्यात्मिक शक्तियों पर.

154. यह शक्ति किस पर निर्भर है?

उपयोग करने से ही यह सामने आ पाती है.

155. अपने उद्देश्य के रास्ते से अचानक घटित होने वाली स्थितियों से कैसे बचें?

सचेत होकर ऐसी स्थितियाँ पैदा करो, जिनकी आप अपने जीवन में कामना करते हो.

156. जिंदगी का मुख्य व्यवसाय क्या है?

विचार करना.

157. ऐसा क्यों?

आध्यात्मिक विचार ही रचनात्मक होते हैं. इन्हें नियंत्रित करके, अपनी स्थितियों को नियंत्रित किया जा सकता है.

158. सभी बुराईयों की जड़ क्या है?

गलत विचार.

159. सभी अच्छाईयाँ कहाँ से उत्पन्न होती हैं?

वैज्ञानिक तौर पर सही विचारों से.

160. वैज्ञानिक विचारधारा क्या है ?

आध्यात्मिक शक्ति की रचनात्मक प्रकृति को समझना तथा इस पर नियंत्रण कर सकना.

"उच्च कोटि के विचार, किसी भी सदी की महान घटना होते हैं, क्योंकि यही आगे चलकर, महान कार्यों में बदलते हैं."

– बोवी

परिचय - भाग सत्रह

व्यक्ति अपने विश्वास, अपनी बुद्धि के आधार पर ही भगवान के रूप की पूजा करता है.

हिन्दू धर्मशास्त्रों में, अलग-अलग शक्तियों से पूर्ण, अलग-अलग भगवानों की बात कही गई हैं. अलग-अलग लोग, प्रभु के अलग-अलग स्वरूप को मानते हैं. वे उस स्वरूप का वही गुण विशेष, अपने जीवन में लाना चाहते हैं.

आज के युग में, इंसान धन, शक्ति फैशन, रिवाज आदि को चाहता है. जो चाहता है, वही जीवन में पाता है.

भाग-17 में सत्य तथा कल्पना में अंतर समझाया गया है. व्यक्ति को कारण पर ज़ोर देना चाहिए.

प्रभाव स्वत: ठीक होते जाएँगे. जिंदगी की वास्तविकता पर ध्यान लगाओ, कभी भी नतीजो से निराश नहीं होओगे.

भाग

सत्रह

1. मानव को बाकी जीवों से सर्वोत्तम माना गया है, उसकी यह श्रेष्ठता उसके दिमाग के कारण है. दिमाग विचारों से पूर्ण होता है. विचार तर्क करना जानते हैं. इनके उत्तम होने से परिस्थितियाँ, पहलू या वे सभी अन्य बातें, जो इनके संपर्क में आती हैं, निर्धारित होती हैं.

2. दिमागी हलचलें, सबसे बेहतरीन तथा ताकतवर होती हैं. जो व्यक्ति, इन हलचलों की प्रकृति, इनकी श्रेष्ठता समझते हैं, उनके लिए सभी भौतिक शक्तियाँ तुच्छ हो जाती हैं.

3. हम विश्व को अपनी पाँच ज्ञानेन्द्रियों की सहायता से देखने–समझने के आदी हैं. इसीसे हम अपने मानस में भगवान का रूप निर्धारण कर लेते हैं, पर सही रूप केवल आध्यात्मिक दृष्टि से ही जाना जा सकता है. इसके लिए दिमाग पर तीव्र तथा अधिक जोर डालना होगा. ऐसा तभी हो सकता है कि जब दिमाग लगातार किसी एक ही दिशा में ध्यान लगाए.

4. गहन ध्यान से, समान विचारों की धारा बहने लगेगी. सहनशक्ति, लगातार कोशिशे करने से यह किया जा सकता है.

5. लंबे अर्से के प्रयास के फलस्वरूप ही, महान खोजे संभव हो पाती हैं. जिस प्रकार लगातार अभ्यास से गणित में महारथ हासिल किया जा सकता है, उसी प्रकार, दिमाग जो स्वयं में एक विज्ञान है - उसे भी सिर्फ गहन ध्यान से भरी कोशिशे द्वारा संचालित किया जा सकता है.

6. ध्यान लगाने का अर्थ, कोशिश या क्रियाएँ करना नहीं है. जैसे एक अच्छा अभिनेता, एक रोल में स्वयं को डुबो लेता हैं, उसी प्रकार आप भी अपने विचारों में इतने मग्न हो जाईये कि अन्य बातों की सुध ही न रहे. ऐसा करने से आपकी जाँचने की शक्ति बेहतर होगी तथा अपने उद्देश्य को बेहतर समझ पाएँगे.

7. इसी प्रकार के ध्यान से, सदियों से ज्ञान का अर्जन किया जाता रहा है. इसी में पृथ्वी तथा स्वर्ग के समस्त रहस्यों का तोड़ छुपा है. ऐसा समझिए कि दिमाग एक चुम्बक है तथा जानने की इच्छा, ज्ञान के रूप में, उस की तरफ खिंची चली आती है. इस प्रकार आप का इस ज्ञान पर अधिकार हो जाता है.

8. इच्छाएँ, ज्यादातर अर्धचेतन में पैदा होती है. जागृक इच्छाएँ, अपने उद्देश्यों को साधारणतः पहचान नहीं पाती हैं. अर्धचेतन की इच्छाएँ दिमाग की छुपी हुई शक्तियों को जगाती हैं जिससे मुश्किलें स्वयं ही हल हो जाती हैं.

9. अर्धचेतन दिमाग को जगाकर, किसी भी दिशा में कार्यरत् किया जा सकता है, किसी भी उद्देश्य की पूर्ति के लिए, उपयोग किया जा सकता है. जरूरत है सिर्फ ध्यान देने की. इसके लिए

अपने आप को शारीरिक, मानसिक रूप से नियंत्रित करना होगा. सभी प्रकार की चेतनाएँ–भौतिक मानसिक, शारीरिक पर नियंत्रण करना ही होगा.

10. आध्यात्मिक सत्य ही, नियंत्रण करने का हथियार है. इसके जरिए आप सीमित आकांक्षाओं के दायरे से बाहर आ जाओगे. आप ऐसे मुकाम पर पहुँच जाओगे, जहाँ से आप अपने विचारों को, स्वत: ही हकीकत में साकार कर सको.

11. ध्यान लगाने का अर्थ, मात्र सोचना नहीं है. इसमें तो विचारों को बदल कर, वास्तविक मूल्य प्रदान करना है. सामान्य व्यक्ति इस प्रकार से ध्यान नहीं लगा पाता. 'पाना' तो चाहते हैं पर 'करना' नहीं चाहते. वे यह नहीं समझ पाते कि करे बिना पाया नहीं जा सकता. क्षणिक उत्साह का मूल्य नहीं होता. सिर्फ और सिर्फ, असीमित परिश्रम से ही, उद्देश्य पाया जा सकता है.

12. दिमाग कई बार बहुत ऊँचे उद्देश्य को निर्धारित कर देता है, जिसे पूरा करना उतना आसान नहीं होता. व्यक्ति की उड़ान उतनी ऊँची नहीं उठ पाती, अत: उड़ने की बजाय, मुँह के बल नीचे गिरता है. पर हमेशा नई कोशिश के लिए तैयार रहो.

13. मानसिक जीत के रास्ते में अनेक कमजोरियाँ आती हैं. चाहे मानसिक हो या शारीरिक. सदा अगली कोशिश करो. बार-बार अभ्यास से, कार्य सरल तथा उचित प्रकार से कर पाओगे.

14. एक ज्योतिषी, अपना पूरा ध्यान नक्षत्रों पर लगाता है,

तो वे उसे अपने रहस्यों का पता दे देते हैं. इसी प्रकार, इंसान जब अपनी जिंदगी की समस्याओं पर ध्यान लगाता है, तो उन्हीं में घिरा रह जाता है.

15. सभी उपलब्धियों के लिए मात्र इच्छा तथा ध्यान का होना जरूरी है. इच्छा होने से, व्यक्ति कार्य करना आरंभ कर देता है. जितनी तीव्र इच्छा होगी उतना ही इसे पूरा करने पर जोर होगा. ऐसा करने से प्रकृति की गहराईयों से कुछ भी हासिल किया जा सकता है.

16. महान विचारों को पूरा करने के लिए, उसके साथ भावनाएँ जोड़िए. दिमाग को ऐसी परिस्थिति के मोड़ पर ला खड़ा करो कि यह श्रेष्ठ चीजों का मूल्य समझे, उनकी इच्छा करे. जिंदगी में ऊँचे लक्ष्य निर्धारित करे तथा उन्हें पाने का जतन करे.

17. वर्षो के धीरे-धीरे, साधारण अभ्यास या जबरदस्ती किए जा रहे कार्य से, ध्यानपूर्वक किया गया थोड़ा कार्य भी महत्वपूर्ण है. इससे अविश्वास, कमियाँ, आत्मविश्वास की कमी, आत्मग्लानि आदि सभी बंधन हट जाएँगे. आप स्व-प्राप्ति की खुशी से भर जाएँगें.

18. सतत् मानसिक अभ्यास से, आपमें कदम बढ़ाने, नया जुगाड़ लगाने की इच्छाएँ आती जाएँगी. एक व्यापारी भी ध्यान लगाकर ही बिजनेस के गुर सीखता है. इसी से उसमें किसी भी बात के वास्तविक पहलू को समझने तथा तुरंत निर्णय लेने की शक्ति आ जाती है. सभी व्यापारिक संबंध इच्छाओं का बाहरी रूप हैं.

19. अधिकांश इच्छाएँ, व्यापारिक माहौल में जीतने हेतु जन्म लेती हैं. फिर दिमाग को उस तरफ लगाकर लक्ष्य पाने के लिए कोशिशें की जाती हैं. सबसे पहली जरूरत दिमाग पर जोर देने की है जिससे यह अन्य गैर-जरूरी बातों पर ध्यान न दे. ऐसा करने से, उच्च तथा निम्न लक्ष्यों के संघर्ष में से, उच्च लक्ष्यों को पाने का निश्चय कर पाते हैं.

20. दिमाग को एक शक्ति रूपांतर करने वाले यंत्र की तरह कार्य करना चाहिए तथा यह पूरी तरह उपयोगी साबित हो पाएगा. दिमाग एक असीमित शक्तिवाले इंजन की तरह है. विचार इसकी सदा कार्य करने वाली शक्ति हैं. यह सभी प्रकार के कार्यों का रचियता, कर्ता-धर्ता है. विचारों की सर्वव्यापकता के आगे, भौतिक शक्तियाँ कुछ भी नहीं है, क्योंकि विचार ही मनुष्य को अन्य प्राकृतिक शक्तियों से लाभ उठाने का सामर्थ्य देते हैं.

21. विचारों की हलचलों से प्रेरित होकर ही आवश्यक साधन स्वतः उपलब्ध हो जाते हैं. इसमें कुछ भी रहस्यात्मक नहीं है. ध्यान लगाने का अर्थ मात्र इतना है, कि आपकी पूरी चेतना सिर्फ अपने उद्देश्य पर केन्द्रित हो जाएँ. जैसे शरीर भोजन में जरूरी तत्वों को निकालकर उन्हें शरीर के बाकी हिस्सों में पहुँचा देता है, वैसे ही दिमाग अपनी उद्देश्यपूर्ति के लिए, जरूरी साधन ग्रहण करेगा. अनावश्यक बातों को पीछे छोड़ देगा.

22. अगर आप किसी महत्वपूर्ण बात पर विचार कर रहे हैं तो आपकी जानने की इच्छा बढ़ जाएगी. जानकारी के रूप में मदद मिलती जाएगी तथा अंततः सफलता प्राप्त होगी.

23. अंत:प्रेरणा, साधारणत: बिना किसी अनुभव के ही कोई भी निष्कर्ष निकाल लेती है. यह कई बार तार्किक शक्ति के पार की बातों को भी सुलझा देती है. यह सत्य को हैरतअंगेज तरीके से प्रकट कर देती है. इससे हमें ऐसा प्रतीत होता है कि कोई आसमानी शक्ति हमारी मदद कर रही है. इस अत: प्रेरणा को बढ़ावा दो. अगर इसे बढ़ाओगे तो यह बढ़ती जाएगी. अगर इस पर ध्यान नहीं दोगे, तो धीरे-धीरे यह समाप्त हो जाएगी.

24. इसे शांत रहकर महसूस किया जा सकता है. महान विचारक, सदा अकेले रहकर, शांत भाव से विचरण करते थे. इसी शांतिपूर्ण विचार से वे जिंदगी की बड़ी से बड़ी समस्या का हल ढूँढ लेते थे. जरा सोचिए, प्रत्येक व्यापारी अपने लिए एक अलग ऑफिस बनवाता है. जहाँ उसे कोई भी परेशान न कर सके. अपने लिए भी कोई एकांत स्थान ढूँढों जहाँ आप कुछ समय एकांत में चिंतन कर सको. धीरे-धीरे आप में यह अभेद्य शक्ति विकसित हो जाएगी.

25. मूलरूप से देखा जाए तो अर्धचेतन सबसे शक्तिशाली है. जब इसे कार्य करने को दिया जाए तो ऐसा कोई कार्य नहीं है, जो यह न कर सकता हो. आपकी सफलता पाने की उम्मीद, आपकी इच्छा की प्रकृति पर है. सर्वव्यापी दिमाग से सहयोग होने पर, इसमें असीम साहस आ जाएगा.

26. प्रत्येक बाधा पर विजय हासिल हो जाएगी. प्रत्येक सफलता अर्जित कर ली जाएगी. इस से आपको इस शक्ति पर और पक्का भरोसा होता जाएगा. काबलियत बढ़ने पर, आप जिंदगी में

आगे बढ़ते जाएँगे. आपका मानसिक नजरिया ही आपकी ताकत बनेगा. अगर यह नजरिया सफलता का है तो आप कभी भी अपने उद्देश्य से नहीं भटकेंगे. अदृश्य की ताकत से, स्वत: ही, जो चाहते हो, वह चलकर आपके पास आ जाएगा.

27. एक निश्चित उद्देश्य से पूर्ण विचार, कार्य करना आरंभ कर देते हैं.

28. आप अभी तक शक्ति के स्थान पर, शक्ति के चिह्न ढूंढ रहे थे. इज्जत की जगह शोहरत तथा अमीरी के स्थान पर धन ढूँढ रहे थे. पर जैसे ही ये ऊपरी चीजें पाओगे, इनका मूल्यरहित होना समझ में आ जाएगा.

29. असंगत संपदा को अपने पास रोका नहीं जा सकता. जो दोगे, जितना दोगे, वैसा, उतना ही पाओगे.

30. ज्यादातर लोग धन या शक्ति के अन्य चिन्हों की इच्छा करते हैं. पर सही शक्ति का अर्थ समझ में आते ही, हम इन चिन्हों को भूल जाते हैं. एक व्यक्ति जिसके बैंक में अपार धन है, उसे बेवजह, हर समय, अपनी जेब में सोना लेकर घूमने की जरूरत नहीं हैं.

31. सामान्यत: विचार, बाहर आते ही, हर दिशा में भागते हैं. पर इन्हें उद्देश्य की तरफ साधा जा सकता है. तब इन्हें समझना तथा आदेश देना सरल होगा.

32. विचार वास्तव में हमारी आध्यात्मिक क्रियाओ का

बाहरीरूप हैं.

33. इस सप्ताह के अभ्यास के लिए, ध्यान लगाने के लिए तैयार हो जाओ. पूरी तरह शांत हो जाओ असफलता, चिंत, भय, निराशा का कोई भी विचार छोड़ दो. शांति से ध्यान, ध्यान से शक्ति संभव है. अब अपने उद्देश्य पर पूर्ण ध्यान लगाओ.

34. डर को भगाने के लिए, साहस पर ध्यान लगाओ.

35. कमी को हटाने के लिए, अधिकता पर ध्यान लगाओ.

36. बीमारी को भगाने के लिए सेहत पर ध्यान लगाओ.

37. अपने आदर्शों को सदा, पहले से मौजूद तथ्य मानो. यह छोटा सा विचार का पौधा कल बड़ा बनेगा. इसी से सफलता मिलती जाएगी.

''विचार सिर्फ उन्हीं को आते हैं जो इनका स्वागत करते हैं''

– इमरसन

▶ अभ्यास प्रश्न उत्तर सहित

161. ध्यान लगाने का सही तरीका क्या है ?

आप अपने विषय में इतने मग्न हो जाओ कि आपको किसी अन्य वस्तु का ध्यान न रहे.

162. इस तरीके का उपयोग करने का क्या नतीजा होगा?

आपके विचारों को कार्यरूप देने के लिए. अदृश्य ताकतें आपके सामने, अनुकूल परिस्थितियाँ पैदा कर देगी.

163. इस तरीके पर नियंत्रण किससे रखा जा सकता है?

आध्यात्मिक सत्य से.

164. ऐसा क्यों?

क्योंकि हमारी इच्छाओं को प्राकृतिक नियम से मिल कर चलना होगा.

165. इस ध्यान लगाने के तरीके के वास्तविक मूल्य क्या है?

व्यक्ति का माहौल, उसके चरित्र से बनता है. उसके उत्तम विचार, उसका चरित्र, अच्छाई पूर्ण भावनाओं से भर देते हैं.

166. प्रत्येक व्यापारिक कार्य में, नियंत्रण करनेवाला तत्व क्या है ?

मानसिक तत्व.

167. ऐसा क्यों?

क्योंकि विचार ही वे निर्धारित तत्व हैं, जिनसे सभी स्थितियाँ तथा घटनाएँ प्रकट होती हैं.

168. ध्यान लगाने से क्या घटित होता है?

बुद्धि, तर्कशक्ति, निर्णय लेने की क्षमता बढ़ती है.

169. तर्क करने से बेहतर क्या है ?

अघटित को जानना, व्यक्ति के अनुभवों या यादों पर निर्भर नहीं करता. इससे कई बार, हमारी समस्याओं के ऐसे हल निकल आते हैं, जिनकी तरफ हमारी दृष्टि तक न गई हो.

170. वास्तविकता के साधन पर चलने से क्या होगा?

अगर हम वास्तविकता के स्थान पर, सिर्फ इसके चिन्हों को सत्य मानेंगे, तो उन्हें अपनाने के कुछ समय बाद, वे समाप्त हो जाते हैं. ये चिन्ह, अंदरूनी आध्यात्मिक क्रियाओं के बाहरी प्रतीक होते हैं. जब तक असली आध्यात्मिक शक्ति नहीं होगी, ये हमारे काम नहीं आ पाऐंगे.

परिचय - भाग अठारह

जीवन में आगे बढ़ने के लिए सभी जरूरी साधन पाने होंगे. ऐसा आकर्षण के नियम द्वारा संभव हो सकता है. इसी नियम के द्वारा व्यक्ति को सर्वशक्तिमान से अलग किया गया है.

जरा सोचो, कि अगर एक व्यक्ति किसी का पति, पिता या भाई न होता, तो क्या होता? अगर इंसान किसी भी प्रकार के सामाजिक, राजनीतिक, धार्मिक या वित्तीय संबंधों में रूचि नहीं लेता है तो वह मात्र एक कितनी कीड़ा बन कर रह जाएगा. व्यक्ति का वास्तविक अस्तित्व, उसके अन्य लोगों, समाज से संबंधों के कारण होता है. सिर्फ इसी के कारण उसके वातावरण का निर्माण हो पाता है. अतः स्पष्ट है, कि व्यक्ति, इस विश्व की ही एक छोटी सी शाखा है.

इस संसार के प्रत्येक व्यक्ति को दिमाग रास्ता दिखाता है. उसका व्यक्तित्व वैसा ही जाहिर होता है, जैसा वह विश्व से संबंध रखता है. यह संबंध आकर्षण के नियम से बनाए जाते हैं. आइये, जानें.

भाग

अठारह

1. विश्व में विचारों में परिवर्तन आता जा रहा है. संपूर्ण विश्व में धार्मिक मान्यताओं में हुए परिवर्तन से, यह कहीं अधिक महत्वपूर्ण हैं.

2. छोटे-बड़े, अमीर-गरीब तथा अनपढ़-पढ़े लिखे, सभी प्रकार के लोगों के विचारों में महान् परिवर्तन आते जा रहे है, इस प्रकार के परिवर्तन पहले कभी, इतिहास में महसूस नहीं किए गए.

3. वैज्ञानिक खोजों से, असीमित साधनों का पता लगा है. इससे पुरानी मान्यताएँ समाप्त हो गई हैं तथा नई बातें सामने आई हैं.

4. पुराने रीति-रिवाज, नियम-कायदे खत्म हो गए हैं. उनके स्थान पर नए सिद्धांत आ गए हैं. पुरानी सड़ी-गली मान्यताओं की जंजीरों में अब दम नहीं रहा. भौतिकवाद की अशुद्धियाँ हटाकर, नए विचार पनप रहे हैं. सत्य अपने पूर्णरूप में आगे आ गया है.

5. संपूर्ण विश्व में एक नई चेतना आ गई है. इंसान स्वयं में एक नई शक्ति महसूस कर रहा है.

6. भौतिक शास्त्री, श्री. जे.ए. फ्लेमिंग ने, व्यक्ति के दिमाग को शक्ति का स्रोत बताया.

7. यह दिमाग स्वयं में सशक्त, संपूर्ण है. यह तत्व तथा आत्मा, दोनों में व्यक्त होता है. यह जीवन देता है, शक्ति दाता है, विश्व की आत्मा से जोड़ने का साधन है.

8. प्रत्येक व्यक्ति को इस, सर्वशक्तिशाली बुद्धि क्षमता से लाभ उठाना चाहिए. व्यक्तियों की जिंदगी में, इसी दिमागी शक्ति के कारण उतार-चढ़ाव आते हैं. उनके व्यक्तित्व में अंतर, इसी के कारण आते हैं. अपनी बुद्धि-क्षमता के कारण ही, इंसान जानवर से तथा जानवर पौधो से श्रेष्ठ है. इसी व्यक्तिगत बौद्धिक क्षमता के कारण व्यक्ति, स्वयं को अपने माहौल के मुताबिक ढालता है. अपने कार्यों को करने की शक्ति इसी के द्वारा आती है.

9. महान दिमागों ने इसी दिमाग की ताकत से अपने लक्ष्यों को सिद्ध कर दिखाया है. वैसे यह, एक प्रकार से सर्वव्यापी दिमाग से संपर्क साधने जैसा ही है. चूंकि हम यह जानते हैं, कि सर्वप्रथम हमें दिमाग के आदेश मानने पड़ते हैं, बाद में दिमाग बिल्कुल वही कार्य करता है. जैसी हम आज्ञा देते हैं.

10. प्राकृतिक नियमों को जानने से हम समय तथा स्थान के बंधनों को जीत लेते हैं. जितनी अधिक बुद्धि की क्षमता होगी, उतना ही हम इन नियमों को बेहतर तरीके से जान पाएँगे, उतनी ही अधिक शक्ति पा सकेंगे.

11. हमें स्वयं को, इस विश्वव्यापी बुद्धि का एक हिस्सा समझना होगा. इससे व्यक्ति बुद्धि के वे स्तर भी हासिल कर लेगा जिन्हें अभी तक किसी ने ठीक से नहीं जाना. इसी विश्वव्यापी बुद्धि से सभी कार्यों को आरंभ करने की अनुमति मिलती है. यह प्रत्येक माँग के लिए, साधन देने को बाध्य हैं.

12. विचारों का रचनात्मक होना, यह नियम प्रत्येक प्रकार की वस्तुओं की प्रकृति, में स्पष्ट तौर पर दिखाई देता है. पर यह रचनात्मकता अपने आप नहीं आ जाती. यह सर्वव्यापी से प्राप्त की जाती हैं, यह सर्वव्यापी ही विश्व की समस्त शक्तियों का आधार तथा केन्द्र है. इंसान तो इसे बाँटने का एक जरिया है.

13. सर्वशक्तिमान प्रभु, इंसान के द्वारा, कई प्रकार के मिश्रण प्रस्तुत करता है. इन्हीं से विश्व की समस्त प्रकियाएँ चलती हैं. बिल्कुल ठीक अनुपात में छोटे-छोटे तत्व मिलकर, बड़े तत्व बनाते जाते हैं.

14. विचारों के द्वारा ही, व्यक्ति सर्वशक्तिमान के संपर्क में आता है. सीमित का असीमित से, दृश्य का अदृश्य से नाता जुड़ जाता है. विचारों के जादू के द्वारा, इंसान एक सोचने-समझने, महसूस करने वाला जीव बन जाता है.

15. जैसे उचित उपकरणों की सहायता से, एक ही स्थान पर बैठकर, मीलों दूर नजर रखी जा सकती हैं, संपर्क किया जा सकता है. वैसे ही मानव भी ईश्वर से संपर्क कर सकता है.

16. यह सब मात्र 'विश्वास' से संभव है.

17. ऐसा विश्वास, जो जाँचने-परखने पर खरा निकले जो जीता-जागता सत्य बन जाए.

18. यह सत्य, लाखों-करोड़ों लोगों ने चैक किया और इसे सत्य पाया. जिसने जितने अनुपात में अपने साधन इस्तेमाल किया, उसने उतने ही बेहतर नतीजे पाए.

19. विज्ञान की लगातार प्रगति से, इंसान की तारों की दुनिया की जानकारी भी लगातार बढ़ रही है.

20. अपनी इसी समझ से, व्यक्ति के तरीकों में भी सुधार आता जा रहा हैं. जिससे वे सर्वव्यापी द्वारा प्रदत्त असीमित संभावनाओं का अधिक उपयोग कर सकें.

21. आकर्षण के नियम से, प्रभु स्वयं को इंसानों मे व्यक्त करते हैं. जैसे एक एटम, दूसरे एटम को अपनी ओर खींचने के लिए, पूरा जोर लगाता है.

22. इसी नियम से, सृष्टि की तमाम वस्तुएँ बंधी है. यह एक विश्वव्यापी नियम है. इसी के द्वारा, मानव का अस्तित्व, प्रभावपूर्ण हो पाया है.

23. विश्वव्यापी के नियमों के द्वारा, एक अत्यंत सुंदर तरीके से, संसार में वृद्धि तथा विकास होते है.

24. चूंकि मानव एक विचार-प्रधान तत्व है, जितना वह देता है, उतना ही पाता है, इसी से वह पूर्ण बन पाता है. अत: वृद्धि, आदान-प्रदान पर टिकी मानसिक तौर पर, समान सोच वाले, आपस में एक दूसरें के प्रति आकर्षित होते हैं.

25. अत: यह स्पष्ट है, कि प्रचुरता के विचार ही प्रचुरता लाएँगे. व्यक्ति की संपदा, उसके सर्वव्यापी से जुड़े रहने में है. अंदरूनी प्रभाव से, बाहरी प्रभाव भी पाया जा सकता है. मानव की असली संपदा उसकी दूसरों पर प्रभाव डालने की क्षमता है. इसी कारण, जिसका दिलो-दिमाग, किसी निश्चित उद्देश्य पर लग जाते हैं, वे अवश्य ही सफलता पाते हैं, वह लगातार ज्यादा से ज्यादा देता है और उतना ही वापिस पा लेता है.

26. महान वितरक, उद्योगपति, राजनीतिज्ञ, वकील, वैज्ञानिक, लेखक आदि - इन्होंने अपने विचारों की शक्ति से समाज को खुशी प्रदान की है.

27. आकर्षण के नियम से, विचारों को ऊर्जा मिलती है, जो अंतत: कार्यों में पता चलती है.

28. सर्वव्यापी दिमाग, शांत, स्थिर तथा संतुलित है. इसी के द्वारा, हमें विचार करने की ताकत मिली है. ये दिमाग की प्रचंडता को प्रकट करते हैं.

29. यह शक्ति, ध्यान पाने पर टिकी है. इसी के द्वारा हम ऐसा ज्ञान प्राप्त करते हैं जो शक्ति का दूसरा नाम है.

30. ध्यान पाना ही बौद्धिकता का लक्षण है. इसे अभ्यास से बढ़ाया जा सकता है.

31. आकर्षण बढ़ने का तरीका है – रुचि लेना. जितनी रुचि लोगे, उतना ही आकर्षण बढ़ेगा. आकर्षण के बढ़ते ही रुचियाँ, क्रियाएँ-प्रतिक्रियाएँ बढ़ती जाएँगी. इस अभ्यास से आपको धीरे-धीरे आकर्षित करने की आदत पड़ जाएगी.

32. इस सप्ताह अपनी रचना करने की शक्ति पर ध्यान लगाओ. अपने विश्वास के लिए एक उचित तरीका ढूंढो. व्यक्ति जन्म लेता है, चलता-फिरता है, साँस लेता है, इस सभी जिंदगी के लिए हवा का होना जरूरी है. इसी प्रकार आध्यात्मिक व्यक्ति के लिए प्रभु प्रदत्त ऊर्जा का होना जरूरी है.

33. भौतिक जिंदगी में बिना बीज बोए, कोई पौधा तैयार नहीं हो सकता है. उसी प्रकार आध्यात्मिक दुनिया में भी जैसे विचार बोओगे, उसी प्रकार का पौधा तैयार होगा. अतः यह आपकी, इस नियम की समझ पर निर्भर है. मानव चेतना में हुई ऊँची से ऊँची, पीढ़ी दर पीढ़ी की वृद्धि का कारण भी इसी सोच से जुड़ा है.

"मेरे दिमाग में कोई विचार शेष नहीं है. सभी विचारों को तुरंत क्रियाओं में बदल कर, अपने लिए साधन ढूढंने का अभ्यास है."

– इमरसन

▶ अभ्यास प्रश्न उत्तर सहित

171. व्यक्तियों की जिंदगियों में अंतर कैसे पता चलते है ?
उनकी बौद्धिक क्षमताओं में अंतर द्वारा.

172. व्यक्ति, किस नियम के द्वारा, अन्य क्षेत्रों में बुद्धि पा सकता है ?
स्वयं को, सर्वशक्तिशाली का एक हिस्सा मानकर.

173. रचनात्मक शक्ति कहाँ से आरंभ होती है?
सर्वशक्तिशाली में से.

174. सर्वशक्तिमान् ने स्वयं को कैसे व्यक्त किया ?
मानव के द्वारा

175. प्रभु तथा ईश्वर को जोड़ने वाली कड़ी क्या है?
विचार.

176. यह नियम कैसे बढ़ता है?
प्रेम के नियम से.

177. *वृद्धि के नियम की जरूरी शर्त क्या है ?*
वृद्धि के नियम से.

178. वृद्धि के नियम की जरूरी शर्त क्या है ?

यह प्रतिक्रिया पर निर्भर है. व्यक्ति वही पाता है, जो देता हैं ?

179. हम क्या देते हैं?

विचार.

180 हम क्या पाते हैं?

संतुलित विचार. जैसे-जैसे हम सोचते हैं, वैसे-वैसे ही उन्हें आकाररूप में बदलते जाते है.

"प्रत्यक्ष कार्यों से भी अधिक, विचार उसके चरित्र को दर्शाते हैं."

– डब्ल्यू. एस. प्लमर

परिचय - भाग उन्नीस

डर से भरे हुए विचार, मानसिक क्रियाओं को शिथिल कर देते हैं, जिसका खून के दौरे पर भी असर पड़ता है. इससे धीरे-धीरे पूरी, शारीरिक क्रियाएँ प्रभावित हो जाती हैं.

डर पर काबू पाने के लिए, शक्ति को जगाओ इस रहस्यात्मक, महत्वपूर्ण चीज से लाभ उठाओ. जब तक इंसान ने बिजली के रहस्य को नहीं जाना था, वह उससे डरता रहा. पर आधुनिक विज्ञान से, इस पर काबू पाने के उपकरण समझते ही, यह मानव की सेवक बन गई.

अतः शक्ति एक महत्वपूर्ण ताकत है. यह जीवित प्राणियों में होती हैं. इसे पाने के नियम समझते ही, हम इससे लाभ उठा सकते हैं. अतः इसे पाने के लिए शारीरिक, मानसिक, आध्यात्मिक तौर पर पूरा जोर लगाओ.

इस अध्याय के द्वारा आप यही तथ्य सीख जाएँगे.

भाग

उन्नीस

1. सत्य को एक उचित प्रक्रिया से खोज सकते हैं. प्रत्येक अनुभव, इस पर कुछ न कुछ प्रभाव डालता है.

2. सत्य ही प्रत्येक स्थिति का प्रारंभिक तथा अंतिम कारण है. इसका प्रभाव मानवीय स्थितियों पर भी पड़ता है. अतः अगर हम कारण ढूँढ लें और इस पर वांछित नियंत्रण पा लें, तो प्रभाव (स्थितियाँ) भी हमारे नियंत्रण में आ जाते हैं.

3. इससे मानव भाग्य का दास बनकर नहीं रह जाता. जैसे एक कप्तान अपने जहाज पर पूरा नियंत्रण रखता है, वैसे ही इंसान भी अपनी किस्मत, अपने हाथ से सँवार या बिगाड़ सकता है.

4. सृष्टि में प्रत्येक वस्तु एक दूसरे से, एक अदृश्य शक्ति के नियम से बंधी है. अतः ये एक दूसरे का, कभी भी विरोध नहीं कर सकतीं.

5. भौतिक दुनिया में अनेक विषयों पर मतभेद हो सकते हैं. भिन्न-भिन्न लोग अपने मतलब के लिए, ये मतभेद पैदा करते हैं. प्रत्येक वस्तु रंग-रूप, प्रतिरूप में भिन्न है. दृश्य-अदृश्य, अंदर-बाहर, ये सभी अलग-अलग दिशाएँ हैं जो अंतर दर्शाती हैं.

6. ये एक ही वस्तु के दो अलग हिस्से दिखाती हैं. पर ये अलग नहीं हैं, है तो एक ही वस्तु के हिस्से, अतः कहीं न कहीं आपस में बँधे हैं.

7. मानसिक दुनिया में भी यही नियम लागू है. हम ज्ञान-अज्ञान की बात करते हैं, तो यह समझिए कि ज्ञान का न होना ही अज्ञान है स्वयं में उसका अलग कोई अस्तित्व नहीं है.

8. हम अच्छे-बुरे की बात करते हैं, पर अच्छाई एक स्पष्ट सत्य है, जिसका न होना ही बुराई है. परंतु लोग कई बार, बुराई को सत्य स्थिति समझने लगते हैं, जिसका कोई वजूद नहीं, नियम-कायदा नहीं हैं, जिसका कोई वजूद नहीं, नियम-कायदा नहीं है. यह सदा अच्छाई से हारती है. अतः मानसिक दुनिया में मात्र एक ही नियम है.

9. यही नियम मानसिक दुनिया में भी कार्यरत् है. हम दिमाग तथा भौतिक स्थितियों को अलग-अलग मानते हैं पर ठीक से समझने पर, यह समझ में आ जाएगा कि दिमाग ही एक मात्र कार्यकारी तत्व हैं.

10. दिमाग ही सत्य तथा शाश्वत तत्व है. भौतिकता सदा बदलती रहती है. समय के फैलाव में, सौ वर्ष मात्र एक दिन के बराबर होते हैं. किसी बड़ी महानगरी में जो विकास हम आज देखते हैं, वह आज से सौ वर्ष पहले नहीं था और सौ वर्ष बाद ये भी ऐसा नहीं होगा.

11. ऐसा ही जानवरों के साथ भी होता है. पौधों की जिंदगी भी बहुत छोटी होती है. सत्य तो यह है कि समस्त भौतिक संसार बदलता रहता है तथा नष्ट हो जाता है. पर अजैविक दुनिया में इससे बेहतर स्थिति है. बदलाव वहाँ भी आते हैं. जहाँ आज पहाड़ हैं, कल झीलें थीं.

12. यह लगातार बदलाव सर्वव्यापी दिमाग के कारण होते हैं. वह सदा नई रचना में कार्यरत् रहता है. भौतिक स्थितियाँ, उसी दिमाग की रचना से बदलती हैं. भौतिक दुनिया का कोई निश्चित नियम नहीं है, एकमात्र नियम दिमाग ही है.

13. यह दिमाग ही, हर प्रकार के शारीरिक, मानसिक आध्यात्मिक परिवर्तनों का कर्ता-धर्ता है.

14. दिमाग स्वयं में कोई क्रिया नहीं करता. इसे सर्वव्यापी दिमाग से मेल करना होता है तभी यह सोचने, विचारने की शक्ति ग्रहण कर पाता है.

15. इसके लिए, भोजन के रूप में इसे खुराक दी जाती है. भौतिक साधनों के उपयोग से, दिमाग की आध्यात्मिक क्रियाओं को, खुशी तथा लाभ के साधन के रूप में बदल सकते हैं.

16. बिजली की शक्ति को इस्तेमाल करने के लिए, साधनों की जरूरत पड़ती है. पौधों को जिंदगी के लिए सूर्य की किरणों की जरूरत होती है. इसी प्रकार व्यक्ति को भी, अपने दिमाग को स्वस्थ रखने के लिए, खुराक की जरूरत होती है, जो उसे प्रभु की इच्छा

पर कार्य करने के लायक बनाती है.

17. विचार सदा आकार लेते रहते हैं. अगर आपके विचार रचनात्मक, शक्तिशाली हैं तो यह बात आप की सेहत, माहौल तथा कार्यो में भी पता चलेगी. अगर आपके विचार कमजोर हैं, चिंतापूर्ण, निराशाजनक हैं तो यह आपको डर, चिंता, घबराहट देंगे, आपके व्यापार में कमी तथा सीमितता लाएँगे. आपके माहौल को प्रतिकूल स्थितियाँ से भर देंगे.

18. शक्ति से सभी संपदाएँ अर्जित की जा सकती हैं. साधनों को मूल्यवान इसीलिए समझा जाता है, क्योंकि वे शक्ति तथा सुविधाएँ देते हैं. स्थितियाँ महत्वपूर्ण इसलिए मानी जाती हैं, क्योंकि वे शक्ति पर प्रभाव डालती हैं. सभी वस्तुएँ किसी न किसी प्रकार से, शक्ति पर प्रभाव डालती हैं.

19. भाप, बिजली की शक्ति, अन्य वैज्ञानिक जानकारियों ने मानव को, अपनी योजनाएँ, साहसपूर्ण ढंग से लागू करना सीखाया. यही प्राकृतिक नियम, भौतिक दुनिया में भी लागू होते हैं. भौतिक शक्तियों के अलावा, मानसिक, नैतिक तथा आध्यात्मिक शक्तियाँ भी अपना स्थान रखती है.

20. हमारे स्कूल, कॉलेज वे स्थान हैं जहाँ मानसिक शक्ति को पाना, बढ़ाना सिखाते है.

21. निर्जीव, भारी-भरकम मशीनों पर, मानसिक शक्ति का उपयोग किया जाता है. कच्चे माल से, जीवन की सुख-सुविधाओं

के लिए जरूरी सामान बनाए जाते हैं. मानसिक शक्तिगृह में, कच्चा माल इकट्ठा किया जाता है, फिर इसे ऐसी शक्ति में बदल दिया जाता है जो इस विश्व की अन्य सभी शक्तियों से श्रेष्ठ है.

22. मानसिक मशीनरी के लिए कच्चा सामान क्या है ? ऐसी शक्ति, जो बाकी सभी शक्तियों पर नियंत्रण हासिल कर सकें, के लिए, विचार ही कच्चा सामान हैं.

23. यह श्रेष्ठ शक्ति, मानव की, प्राकृतिक साधनों को उपयोग करने में मदद करती है. इसकी सहायता से, इंसान ने समय तथा स्थान की मुश्किलों पर काबू पाया, गुरूत्वाकर्षण के सिद्धांत पर विजय पाई.

24. आज से 50–100 वर्ष पहले जिन बातें की कल्पना भी नहीं की जा सकती थी, वे बातें आज मनुष्य के दिमाग ने सच कर दिखाई हैं. तो सोच लीजिए, आने वाले 50 वर्षों में क्या नहीं किया जा सकता.

25. दुनिया में असीमित साधनों की भरमार है. बिजली तरंगों के रूप में, अत्यंत तीव्र गति से यात्रा करती है. तारे विश्व के हर कोने में मौजूद हैं. अतः कच्चा माल या साधन, सर्वत्र बिखरे हैं.

26. तब ये आकार कैसे पाएँगे ? बिजली के नियमों सें, करंट एक स्थान से दूसरे स्थान पर जाकर शक्ति देता है. यही क्रिया प्रत्येक कार्य में शामिल है. अतः प्रत्येक आकार, कोशिशों पर निर्भर है. आकार बदलने के लिए कोशिशें भी बदलनी होंगी.

27. इस सप्ताह के अभ्यास के लिए, अपने विचारों के उद्देश्य में इतना डूब जाओ कि कुछ अन्य का होश न रहे. यह कार्य प्रतिदिन एक मिनट तक करो. जब खाने में पूरा ध्यान लगाते हो तो मानसिक भोजन पर भी उतना ही ध्यान दो.

28. बाहरी रूप सदा सत्य नहीं दिखाते. पृथ्वी न ठहरी हुई है, न ही सीधी है. सूर्य चलता नहीं है, आकाश गोल नहीं है. तारे छोटी-छोटी रोशनियों के समूह नहीं हैं तथा भौतिक दुनिया सदा परिवर्तनीय है.

29. महसूस करो कि नया सवेरा आने वाला है. जब विचारों के तरीके तथा कार्य-प्रणालियाँ, दोनों को लगातार बदलते नियमों की ज्ञानभरी दुनिया के साथ, कदम मिलाकर चलना होगा.

"शांत विचार, मानवीय कार्यों के सबसे शक्तिशाली साधन हैं."

– चेनिंग

▶ अभ्यास प्रश्न उत्तर सहित

181. अलग-अलग किनारों को दूरी पर कैसे रखते हैं ?

उन्हें अलग-अलग नामों से पुकारते हैं, जैसे, अंदर-बाहर, ऊपर-नीचे, अंधेरा-प्रकाश, अच्छा-बुरा आदि.

182. क्या ये वास्तव में अलग हैं ?

नहीं, ये एक ही वस्तु के दो टुकड़े हैं.

183. शारीरिक, मानसिक, आध्यात्मिक दुनिया का एकमात्र रचनात्मक नियम क्या है?

सर्वव्यापी दिमाग जो शाश्वत ऊर्जा का चिन्ह है. इसी से सभी वस्तुओं की उत्पति हुई है.

184. हम इस रचनात्मक नियम से कैसे जुड़े हैं ?

हमारी विचारों की शक्ति द्वारा.

185. यह नियम कैसे कार्य करता है?

विचार का नतीजा, कार्यों के रूप में प्रकट होता है. कार्यों से ही उद्देश्य साकार होते हैं.

186. आकार रूप किस पर निर्भर है?

आकंपन पर.

187. इसे कैसे बढ़ाएँ ?

मानसिक कार्यों द्वारा

188. मानसिक कार्य किस पर निर्भर हैं ?

क्रिया-प्रतिक्रिया पर. व्यक्ति तथा सर्वव्यापी के संबंध पर?

189. रचनात्मक ऊर्जा किस में प्रकट होती है ?

सर्वव्यापी में प्रकट होती है तथा व्यक्ति के द्वारा व्यक्त होती है.

190 व्यक्ति आवश्यक क्यों हैं ?

सर्वव्यापी शाश्वत है, स्थिर है, उसे क्रियाओं में उपयोग करने के लिए, ऊर्जा चाहिए. यह शक्ति ही व्यक्ति को सोचने की ताकत देती है. जब व्यक्ति खाना बंद कर देता है, सोचने भी बंद हो जाता है. तब वह सर्वशक्तिमान् के अनुसार कार्य भी नहीं कर पाता. अंततः कोई क्रिया-प्रतिक्रिया नहीं होती.

परिचय - भाग बीस

अनेक वर्षों से बुराई के उद्‌गम पर, अंतहीन बहस होती रही है. धार्मिक नेताओं का कहना है, कि ईश्वर सर्वत्र विद्यमान है. पर अगर यह सच है, तो ऐसी कोई भी जगह नहीं है, जहाँ ईश्वर न हो, तो फिर बुराई, शैतान और नरक कहाँ पर हैं ?

प्रभु ही आत्मा है.

यही आत्मा विश्व की क्रियात्मकता का नियम है.

प्रभु ने अपनी पसंद से मनुष्य का स्वरूप बनाया है.

अत: मनुष्य भी एक आध्यात्मिक वस्तु है जिसे सोचने की शक्ति मिली है.

अत: विचार करना एक क्रियात्मक प्रक्रिया है.

अत: सभी क्रियाएँ इसी का परिणाम होती हैं.

इसी से सभी आकार, तथा स्थितियाँ बनती-बिगड़ती हैं.

सम्मोहन की तरह, विचारों की रचनात्मक शक्ति से, झूठे आकार भी बन सकते हैं.

आध्यात्मिकता में विचारों की रचनात्मक शक्ति, ठीक प्रकार से कार्य करती है.

इसी कारण से नई-नई खोजें तथा रचनात्मक कार्य पूरे होते हैं.

जब इस शक्ति से मानवता की भलाई के कार्य होते हैं तो इसे हम अच्छा समझते हैं, अन्यथा बुरा.

इस प्रकार अच्छा या बुरा, विचारों का नतीजा दर्शाते हैं.

प्रत्येक कार्य के पीछे विचार छुपे रहते हैं.

यही कार्य फिर स्थितियों का निर्माण करते हैं.

भाग

बीस

1. किसी भी वस्तु की आत्मा, उसमें ही छिपी होती है. यह बदलती नहीं है, मरती नहीं है. इस आत्मा के होने से ही व्यक्ति का अस्तित्व कायम हैं. आपको इस की संभावनाएँ पहचाननी होंगी, तभी यह कार्य कर पाती है.

2. किसी व्यक्ति के रास बहुत धन-संपदा हो, पर अगर वह उसे इस्तेमाल न करे, तो स्ब बेकार है. ऐसा ही बिल्कुल आपकी आध्यात्मिक संपदा के साथ होता है. इसे पहचानकर इसका उपयोग किए बिना यह व्यर्थ हो जाती है. इसका उपयोग करना ही इसकी सबसे जरूरी स्थिति है.

3. सभी महान उद्देश्यों को, सर्वप्रथम पहचानना होता है. शक्ति को जागृक होकर ही हासिल किया जा सकता है विचार इसके संदेशवाहक होते हैं, जो लगातार इस अदृश्य दुनिया की सच्चाईयों को, आपके उद्देश्य के अनुकूल मोड़ते रहते हैं.

4. जीवन का मूल उद्देश्य, विचार करना है, जिस से शक्ति हासिल की जा सके. आप हर समय तथा स्थिति में विचारों की जादुई शक्ति से घिरे रहते हैं. जो शक्ति आपके सीधे नियंत्रण में आ

सकती है, अगर उसे पाने की कोशिश नहीं करोगे तो फिर कुछ नहीं होगा ?

5. अपने आप को इन नकली बंधनों से निकालो जब तक हम सोचेंगे नहीं, गधे की तरह काम करते रहेंगे. बहुत परिश्रम के बाद भी उसका कोई मोल नहीं होता. अतः विचार करने के लिए तैयार हो जाओ.

6. मानव मस्तिष्क अनेक नियमों, तरीको, मिश्रणों तथा ताकतों से बंधा है. शक्ति का रहस्य, इन सभी को समझने में है. यह नियम बदलने वाले नहीं हैं. ये अगर विश्वसनीय नहीं होते, तो इन्हे बदला भी जा सकता था, पर ऐसा नहीं है.

7. यह स्थिरता ही आपके लिए मौका है. आप इसकी क्रियाओं के तरीके हो, सर्वव्यापी इंसान के द्वारा ही स्वयं को व्यक्त करता है.

8. जैसे आप स्वयं को सर्वव्यापी का हिस्सा समझना आरंभ कर देते हैं, वैसे ही आप कार्य करना भी शुरू कर देते हैं. आपको अपनी शक्तियों को अहसास होना शुरू हो जाता है. इस ईंधन से आपकी कल्पनाओं को जलाया जा सकता है, प्रेरणा पाई जा सकती है. ये आपको विश्वव्यापी की अदृश्य शक्तियों से जोड़ देता है. यही वह शक्ति है, जो आपको भयहीन होकर योजना बनाने की प्रेरणा देती है, उन्हें चतुराई से लागू करने की समझ देती है.

9. पर यह सिर्फ शांत रहकर ही संभव है. प्रत्येक प्रकार के

उद्देश्यों की पूर्ति के लिए यह प्रथम शर्त है. आप एक मानसिक तस्वीर बनाने वाले बनो. कल्पना ही आपकी कार्यशाला है. इसी में ही अपने भविष्य के सपने की मानसिक तस्वीर तैयार करनी हैं.

10. इसे कार्यरूप में लाने से पहले, इसकी प्रकृति को पूरी तरह समझिए. बार–बार पूरी प्रक्रिया को मानसिक तौर पर दोहराईये. जब भी आवश्यकता होगी, आप इसे इस्तेमाल कर सकते हैं. बुद्धि की असीमित शक्तियाँ, इस तरीके को मानकर चलेगीं. अब आप जब चाहेंगें, तभी सर्वव्यापी दिमाग की शक्तियाँ आपको हासिल हो जाएँगी.

11. व्यक्ति, बहुधा अंदरूनी दुनिया को नहीं पहचान पाता, इसलिए इसे अपनी चेतनता से अलग मानकर चलता है. पर यही सभी तत्वों का सार है. आपको इसे न केवल स्वयं में, बल्कि लोगों, घटनाओं तथा परिस्थितियों में पहचानना होगा. यूँ समझिए कि 'स्वर्ग की सत्ता हमारे अंदर ही छिपी है.'

12. इस तरीके को ठीक से लागू न कर पाना ही, फेल होने की स्थिति है. अपरिवर्तनीय इस तरीके की क्रियारूप बिल्कुल सही होनी चाहिए. कमी, चिंता और घृणा पूर्ण विचार तो वैसा ही फल देंगे. अपनी लापरवाही और अज्ञानता से ऐसा मत होने दो.

13. विचारों की शक्ति को अगर उचित प्रकार से समझा तथा इस्तेमाल किया जाए. तो यह सब से अधिक, श्रम से बचाने वाला तरीका है. सही से न समझने तथा अनुचित प्रकार से इस्तेमाल करने से, नतीजे खतरनाक हो सकते हैं. इस शक्ति की मदद से आप

असंभव दिखने वाले कार्यों को भी सरलता से निपटा सकते हैं. यह शक्ति ही सभी महानताओं की प्रेरणा स्रोत है.

14. विशेष नतीजों के लिए, विशेष साधनों की जरूरत रहती है. पुराने, घिसे-पिटे तरीकों को मत दुहराओ. जब आपको सभी चीजों की एकता की पहचान हो जाएगी तो अंदरूनी शक्ति भी समझ आ जाएगी. आप प्रेरणा के स्रोत को पाने में कामयाब हो जाओगे.

15. प्रेरणा पाने का अर्थ है-ग्रहण करना, स्वयं को पहचानना, विश्वव्यापी से संबंध जोड़ना. सभी शक्तियों के स्रोत को उचित प्रकार से उपयोग करना. निराकार को साकार करना. पूर्णता को पाना. सर्वशक्तिमान् की सर्वव्यापकता का महसूस करना.

16. सर्वशक्तिमान् की असीमित शक्ति को समझिए, ग्रहण कीजिए. यही शक्ति सभी तत्वों का सार है. यूँ मानिए कि प्रभु हर स्थान, हर मौके पर आपकी मदद करने को तैयार खड़े हैं. बढ़ कर उसका हाथ थामिए.

17. इन तथ्यों की उचित समझ से हम असीमित शक्ति के समुद्र से स्वयं के लिए शक्ति ग्रहण कर सकते हैं. भावनाओं को क्रियारूप दो, खाली समझने से काम नहीं चलेगा. जरूरत है-सिर्फ विचार करने तथा महसूस करने की.

18. प्रेरणा अंदर से ही महसूस की जाती है. शांत होने की आदत डालो. जब आप बिल्कुल शांत हो जाओ, तब समझो कि

आप अपने उद्देश्य की पूर्ति के लिए जरूरी साधन पाने को तैयार हो.

19. इस तरीके को अप्राकृतिक, जादुई तरीकों से मत जोड़ो. प्रेरणा पाने का अर्थ है, जिंदगी की बेहतर चीजों को पाने की कोशिश करना. अदृश्य ताकतें आप पर अपना शिकंजा कसें, इससे बेहतर है, कि आप इन्हें समझ कर, इन से लाभ उठाओ. शक्ति को अपने लिए उपयोग करो, यह प्रेरणा से ही संभव है. इसे जानकर, समझकर, इंसान असंभव कर दिखा सकता है, एकदम सुपरमैन की तरह.

20. अगर साँसे लेते हुए सीमितता न हो, तो व्यक्ति पूरी आजादी से खुली साँसे लेता है. इच्छा होगी तो पूरी होगी. इच्छा के बिना आप भी, भीड़ के साथ चलोगे. माँग होने पर पूर्ति आ पाएगी.

21. अधिक पूर्ति के लिए, माँग भी बड़ी होनी चाहिए. जागृक होकर कार्य करो. आपके हाथ सदा जीवन-शक्ति से भरे रहेंगे.

22. इसका कारण समझना बिल्कुल कठिन नहीं है. यह जिंदगी के उन रहस्यों में से हैं, जिसकी गुत्थी इंसान अभी सुलझा नहीं पाया. आप चाहें, तो समझकर, जिंदगी में सरलता ला सकते हैं.

23. हमें बचपन से यह समझाया जाता रहा है, कि प्रभु प्रत्येक प्राणी में विद्यमान रहता है. वही प्यार का स्त्रोत है, हमारे अस्तित्व के लिए, हम उसी पर निर्भर हैं. यही जीवनामृत है. इसके बिना हम

एक क्षण भी नहीं रह सकते. यही विश्व की ऊर्जा है तथा सौरमंडल का जीवन है.

24. जब भी हम हवा में साँस लेते हैं, तो उस समय हमारा शरीर, इस प्राणवायु से भर जाता है. इस प्रकार हमें संपूर्ण जिंदगी ईश्वर से संबंध जोड़ने का सूत्र मिल जाता है.

25. इस संबंध को समझने से, आप वैज्ञानिक तौर पर यह जान जाएँगे कि इस नियम को जानकर आप स्वयं को, हर बीमारी, कमी या सीमितता से मुक्त कर सकते हो. इसलिए हम 'प्राणवायु' को स्वयं में समा लो.

26. यह एक अद्भुत तौर पर जागृक विचार है. यह 'मै' का सार है. यही विश्वव्यापी तत्व है. अपनी सचेत एकता से, इसे पहचानकर इसकी शक्ति से लाभ उठाओ.

27. विचार, रचनात्मक लहरियाँ हैं. इन लहरों की गति, हमारे विचारों की गति पर निर्भर है. जो शक्ति हमारे पास नहीं है, हम उसे इस्तेमाल नहीं कर सकते. अतः जो बनना चाहते हो, वही सोचो, तभी बन पाओगे.

28. जैसे ही आप सोचना आरंभ करोगे, कारणों की एक श्रृंखला बनती जाएगी. विचार आपके लिए उपयोगी स्थितियाँ पैदा कर देंगे. विचारों को एक ही प्रकार से बढ़ाया जा सकता है. विचार किसी प्रकार के हो तथा नतीजा किसी अन्य प्रकार का, ऐसा नहीं हो सकता. इस अद्भुत रचनात्मक शक्ति को प्रयोग करने में सावधानी

रखनी होगी, अन्यथा नतीजा सही नहीं होगा.

29. इच्छाशक्ति के खतरे से सावधान रहो. कुछ व्यक्ति यह समझते हैं कि इच्छा की शक्ति से वे इस नियम से जबरदस्ती कर सकते हैं, ऐसा नहीं है. शक्ति तो मूल रूप से, सर्वशक्तिमान के पास है. अत: इस गलत विचार से क्षणिक सफलता तो पाई जा सकती है. पर अंतत: हार ही होगी. ऐसा करना तो वास्तव में इस नियम के अर्थ को ही खोने के समान है.

30. यह एक प्रकार से व्यक्ति द्वारा सर्वशक्तिमान् पर दबाव डालने के समान हुआ. पर सीमित, असीमित पर दबाव कैसे डाल सकता है ? उस प्रभु की, लगातार आगे बढ़ती क्रियाएँ, हमारे हित के लिए ही हैं, अत: हमें यह समझ लेना चाहिए, हमारा सबसे अधिक भला सिर्फ प्रभु के साथ जागृक सहयोग से ही संभव है.

31. इस सप्ताह के अभ्यास के लिए, प्रभु के साथ सहयोग पर ध्यान लगाओ. हमारा अस्तित्व उसी की कृपा से संभव है. चूंकि वह सर्वत्र मौजूद है, अत: वह आप में भी मौजूद है. आप उसी की पसंद से बने हो. उसकी तथा आपकी आत्मा में, मात्र डिग्री का अंतर है. यह सभी तथ्य समझते ही, आपको रचनात्मक विचारों की शक्ति का रहस्य समझ में आ जाएगा. सही-गलत का भेद समझ में आ जाएगा. ध्यान लगाने का सही तरीका समझ में आ जाएगा. हर प्रकार की समस्या का हल मिलता चला जाएगा.

'लगातार, गहन तरीके से सोचने की शक्ति एक भयंकर शत्रु है, जो गलतियों से बचाता है. इससे व्यक्ति में अंधविश्वास, अवैज्ञानिक तथ्यों, गलत विश्वासों, पागलपन की बातों को बढ़ावा नहीं मिलता.''

– हैडक

▶ अभ्यास प्रश्न उत्तर सहित

191. शक्ति किस स्थिति पर निर्भर है?

पहचानने तथा उपयोग पर.

192. पहचान क्या है?

सचेत होना.

193. हम शक्ति के प्रति सचेत कैसे होंगे?

विचार करने से.

194. जीवन में उचित बिजनेस क्या है?

उचित वैज्ञानिक विचार करना.

195. उचित वैज्ञानिक विचार क्या है?

सर्वशक्तिमान् की इच्छा के साथ, अपने विचारों को मिलाकर चलना. दूसरे शब्दों में, प्राकृतिक नियमों से सहयोग करना.

196. इसे कैसे पूरा किया जाए?

दिमाग के नियमों, ताकतों, तरीकों को पूरी तरह से समझ कर.

197. यह सर्वशक्तिशाली, सर्वव्यापी दिमाग क्या है?

सारी सृष्टि के अस्तित्व का कारण यही है.

198. सभी प्रकार की कमियों, बीमारियों तथा घृणा का कारण क्या है?

यह भी उसी नियम के लागू होने के कारण होता है. यह नियम, बिना किसी रूकावट के, लगातार वैसी स्थितियाँ पैदा करता रहता है, जैसे विचारों के कारण इनकी उत्पति होती है.

199. प्रेरणा क्या है?

सर्वज्ञानी की, सर्वत्र उपस्थिति को समझना, पहचानना.

200 जिन स्थितियों से आप अपनी जिंदगी में सामना करते हैं वे किस पर निर्भर हैं?

हमारे विचारों की गुणवत्ता पर. हम जो हैं, वैसा ही कार्य करते हैं, जैसा हम सोचते हैं, वैसे ही हम बन जाते हैं.

परिचय - भाग इक्कीस

जीवन में ऊँचाईयों को छूने की इच्छा करना भी, सफलता का एक तरीका है. सदा आगे बढ़ने के विचार करो. जो भी हम, लंबे समय तक विचार करते हैं, वह हमारे अर्ध-चेतन पर अंकित हो जाता है.

फिर रचनात्मक ऊर्जा, इसे ही हमारी जिंदगी का हिस्सा बना देती है. यह प्रार्थना की अद्भुत शक्ति से संभव हो पाता है.

प्रत्येक प्रभाव के पीछे एक कारग छुपा होता है, समस्त विश्व, इसी नियम से संचालित है. समान स्थितियों में, समान कारणों से, पक्के तौर पर समान नतीजे प्राप्त होते है.

प्रार्थनाएँ अगर उचित प्रकार से की जाएँ, तो उनका उत्तर अवश्य मिलता है. यह बिल्कुल सत्य है अन्यथा सृष्टि से तबाही मच सकती थी. प्रार्थनाओं का नियम, उचित तथा वैज्ञानिक है, बिल्कुल वैसे ही जैसे बिजली या गुरूत्वाकर्षण के नियम बने हैं. इस नियम को समझने वाला, कभी अंधविश्वास के जाल में नहीं फंसता, बल्कि वह इसे वैज्ञानिक समझ से परखता है.

दुर्भाग्य से, बहुत कम लोग ही इसे समझ पाते हैं. गणित, बिजली, आदि के नियम समझने वाले लोग किन्हीं कारणवश, आध्यात्मिक नियमों का अस्तित्व नहीं समझते. वास्तव में, ये नियम उतने ही स्पष्ट, वैज्ञानिक, तार्किक हैं, जितने कि बाकी अन्य.

भाग

इक्कीस

1. शक्ति का असली रहस्य, शक्ति के प्रति सचेत होना है. प्रभु हमें असीमित शक्तियाँ प्रदान करना चाहते हैं, जितना हम उस प्रभु से नाता जोड़ेंगे, उतनी ही अधिक शक्ति पा सकते हैं. यह नाता जितना कम होगा, उतनी ही कमियाँ तथा सीमितताएँ होंगी. जैसे ही हम कमियों के जाल से निकलते जाएँगे, आप स्वयं को, उस सर्वशक्तिमान् की कृपा का पात्र महसूस करोगे.

2. जब आप को अपनी अंदरूनी दुनिया की, न समाप्त होनेवाली शक्ति का पता चल जाएगा, तो इस की मदद से, बिल्कुल स्पष्ट तौर पर, आप बेहतर मौकों को पाएँगे. जो भी हम विचार करते हैं, वही भौतिक दुनिया में भी प्रकट होता है.

3. असीमित दिमाग को बाँटा नहीं जा सकता, इसके टुकड़े नहीं किए जा सकते. प्रत्येक व्यक्ति, प्रभु की शक्ति को व्यक्त करता है. हमारे सोचने की शक्ति, वास्तव में उस सर्वव्यापी के इशारों पर अमल करना है.

4. इसके अद्‌भुत नतीजे होते हैं. हमारा दिमाग विशेष गुणों से पूर्ण है. जिस प्रकार एक साधारण तार को, बिजलीकी 'लाइव'

तार से मिलाया जाए, तो वह भी चार्ज हो जाती है, उसी प्रकार का असर, साधारण व्यक्ति के, परमात्मा से मेल पर होता है. प्रत्येक व्यक्ति की जिंदगी की प्रत्येक समस्या के समाधान के लिए जरूरी शक्ति उसे प्राप्त हो जाती है. सर्वव्यापी वह 'लाइव' तार हैं जो ऊर्जा (शक्ति) प्रदान करती है. यह शक्ति अंदरूनी दुनिया में निहित होतीहै. विज्ञान ने भी इस शक्ति को सत्य माना है. हमारी शक्ति भी मात्र इसे पहचानने से ही आरंभ हो जाती है.

5. अनुचित परिस्थितियों को हटाने की क्षमता हमारी मानसिक कार्य-प्रणाली पर निर्भर है. शक्ति के प्रति जागृक होते ही, मानसिक कार्य क्षमता बढ़ जाती है. स्वत: ही हमें प्रत्येक परिस्थिति का नियंत्रण करना आ जाता है, प्रत्येक स्थिति को काबू में करना आ जाता है.

6. छोटे-मोटे विचारों का दरिया, बड़े विचारों के समुद्र में खो जाता है. अत: छोटी, अवांछित आदतों को नष्ट करने के लिए, बड़े विचारों की प्रवृत्ति बनाओ. इससे आपके रास्ते की अनगिनत बाधाएँ स्वत: हट जाएँगी. आप के विचारों का दायरा बड़ा होने से, आपकी आँकने की क्षमता भी बढ़ती जाएगी. आप स्वयं को कुछ पाने की स्थिति में पाओगे.

7. यह सफलता को संयोजित करने का रहस्य है. सर्वशक्तिशाली दिमाग की पूर्णता का अहसास है. दिमाग की रचनात्मक शक्तियाँ बड़ी मुश्किलोंका सामना करने में भी समर्थ हो जाती हैं. छोटे-बड़े सभी में दिमाग रूपी तत्व होता ही है.

8. इस तथ्य को समझ कर यह जानलो कि हम अपने लिए अनुकूल परिस्थितियाँ, अपनी चेतना में विचार लाकर, ला सकते हैं.

9. हमारे पूर्व नियोजित विचारों से हमारी वर्तमान जिंदगी की रूप-रेखा बनती है. अतः सही सोच, ऐसा विज्ञान है, जिसमें अन्य सभी वैज्ञानिक विचार शामिल हैं.

10. इससे हम यह जान पाते हैं, कि प्रत्येक, विचार का, दिमाग पर प्रभाव पड़ता है. इनसे ही मानसिक आदतों का निर्माण होता है. व्यक्ति का चरित्र, योग्यता-ये सभी मानसिक आदतों के ही फल होते हैं. उद्देश्य और योग्यता इन दोनों के मेल से ही, जिंदगी के अनुभव बनते तथा बिगड़ते हैं.

11. यह अनुभव, हमें आकर्षण के नियम से पता चलते हैं. इसके कारण हम अपनी अंदरूनी तथा बाहर की दुनिया में मेल बिठा पाते हैं.

12. मानसिक प्रवृत्ति एक चुंबक की तरह, अपने लिए खींच लेता है.

13. यह मानसिक व्यवहार, हमारे विचारों तथा व्यक्तित्व से मिल कर बनता है. किसी भी परिस्थिति को बदलने के लिए, मात्र अपनी सोच में परिवर्तन लाना होगा. इससे हमारा व्यवहार, व्यक्तित्व बदल जाएँगे तथा अंततः स्थितियाँ भी स्वतः बदल जाएँगी.

14. लगातार कोशिशों से मानसिक व्यवहार को भी बदला जा

सकता है. दिमाग में बनी तस्वीरों पर ही मानसिक व्यवहार निर्भर है. अगर यह तस्वीरे आपको पसंद नहीं है, तो इन्हें नष्ट करके, दूसरी नई, तस्वीरें बना लो. यह परखने का नियम है.

15. ऐसा करते ही, आप नई चीजों को अपनी तरफ खींचना आरंभ कर दोगे. नई चीजों (विचारों) से दिमाग में नई तस्वीरे बनेंगी. इसे करने के लिए, अपने दिमाग, अपने उद्देश्य की, बिल्कुल बढ़िया तस्वीर तैयार करो. जब तक उद्देश्य पूरा न हो जाए, इस तस्वीर को पकड़ कर रखो.

16. आपकी इस तस्वीर के लिए जरूरी साधनों जैसे पक्का इरादा, काबलियत, साहस-इन सभी को हासिल करो. इन्हीं से वह तस्वीर पूरी होती है. इन्हें, विचारों के साथ मिलाने से, ऐसी चुंबकीय शक्ति पैदा होगी, जो स्वयं आप तक, वांछित उद्देश्य को खींच लाएगी. आपकी तस्वीर में जान पड़ जाएगी. जान पड़ते ही, वह बढ़ने लगेगी और सफलता ही हाथ आएगी.

17. कोई भी कार्य करना चाहते हो, तो उसकी सबसे ऊपर की सीढ़ी तक जाने की इच्छा कर सकते हो. इसमें कोई रूकावट नहीं होगी. विश्वास करो, एक उद्देश्यपूर्ण इच्छा को पूरा करने के लिए, दिमागी ताकतें सदा तैयार रहती हैं. तभी व्यक्ति के द्वारा की गई कोशिशें कार्यों की पूर्ति में बदलती हैं.

18. आओ समझें कि हमारी आदतें कैसे बनती हैं ? एक कार्य को बार-बार करने से हमारी आदत बन जाती है. बार-बार के अभ्यास से वह कार्य स्वतः होने लगता है. ऐसा, अच्छी-बुरी,

सभी आदतों के साथ होता है. एक गलत कार्य को, हमेशा रोकने से, धीरे-धीरे उससे हमारा पीछा छूट जाता है. पर एक सही कार्य को एक बार करने से सफलत न मिले, तो बार-बार करने से, वह कार्य सफल हो जाता है. प्रकृति का नियम, व्यक्ति की प्रत्येक कोशिश पर, उसे अवश्य, कुछ-न-कुछ, देता है. यह नियम कभी नहीं बदलता. कुछ देर से सही, यह सदा पूरी ताकत से कायम रहता है.

19. यह नियम आपको असीमित शक्तियाँ दे सकता है. बस आपको स्वयं में विश्वास रखना है. अपने उद्देश्य को पहले से ही पूर्ण जानो.

20. वास्तविक परेशानी का कारण है - अनेक प्रकार के उद्देश्यों का होना. एक तरफ हैं - रचनात्मक विचार तथा दूसरी तरफ हैं - खतरनाक, गलत विचार रचनात्मक विचार सदा उद्देश्यपूर्ण होते हैं, जबकि गलत विचार दिखावटी होते हैं. दोनों ही विचार हर प्रकार के लोगों, परिस्थितियों में पाए जाते हैं.

21. वैज्ञानिक, नेता, कारपोरेटस, ये सभी, रचनात्मक विचार रखते हैं. दूसरी तरफ लोग हैं जो अंध विश्वासो को धर्म समझते हैं, नेता जो गुंडागर्दी को राजनीति समझते हैं, या ऐसे ही हजारों - लाखों लोग, जो सिर्फ बाहरी दुनिया समझते हैं, अंदरूनी दुनिया के बारे में कुछ नहीं जानते.

22. अंतिम विवेचना में, हमने जाना कि प्रत्येक व्यक्ति को कोई एक रास्ता चुनना पड़ता है. जो भी व्यक्ति ऐसा नहीं कर पाता,

वही गलत ताकतों को बढ़ावा दे देता है.

23. यह परिवर्तन का समय है, इसलिए विश्व में, सर्वत्र अशांति फैली है. मानवता हाय-हाय कर रही है.

24. उद्योगों, धर्मो तथा देशों की सरकारों के पहरेदार एक दूसरे से, चिंतापूर्ण ढंग से मिल रहे हैं. उनकी स्थितियाँ खतरनाक हैं. अत्यंत महत्वपूर्ण स्थितियों वाले लोग, स्वयं को खतरे में महसूस करते हैं. न केवल अपनी जिंदगी के लिए बल्कि अपनी गद्दी के लिए भी. नए जमाने की शुरूआत का सीधा-सादा अर्थ है पुराने की समाप्ति.

25. सामाजिक समस्याओं का मूल आधार है पुराने जमाने की मान्यताओं की, वर्तमान में जगहन होना. जबकि वास्तव में यह प्रश्न मात्र, व्यक्ति के विचारों में आते परिवर्तन का है. इसी प्रकार सर्वव्यापी की प्रकृति भी बदल रही है. जब व्यक्ति यह समझ लेता है, कि दिमाग की सर्वोच्च सत्ता , प्रत्येक व्यक्ति में मौजूद है, तब उसे यह भी समझ में आ जाता है, कि कुछ विशेष लोगों के स्थान पर, जन-साधारण के हित के लिए नियम होने चाहिएँ. इन नियमों में सभी के अधिकारों तथा कर्तव्यों के लिए स्थान होना चाहिए.

26. प्रभु की कृपा-शक्ति को जब तक व्यक्ति, मानव की पहुँचे से परे समझता रहेगा, तब तक ऊपरी तबका उन पर शासन करता ही रहेगा चाहे कोई कितना भी विरोध करे. लोकतंत्र का वास्तविक हित, मानवात्मा की सत्रा को पहचानना है. यह समझना

है कि शक्ति तो अंदर छिपी है प्रत्येक शक्ति, प्रभु प्रदत्त शक्तियों में समान है. कमजोर या ताकतवर, वे अपने स्वयं के कारण बने हैं. पुरानी बातों में, शासकों को कानून से भी ऊपर माना गया था. पर यह विशेषाधिकार ही अनेक सामाजिक बुराईयों का कारण बना.

27. सर्वव्यापी दिमाग किसी का किसी से भेद नहीं करता. उसके लिए सभी व्यक्ति एक समान हैं. यह किसी भी प्रकार की इच्छा के अंतर्गत काम नहीं करता. इसे किसी भी प्रकार से राजी नहीं किया जा सकता. किसी भी तरीके से व्यक्ति स्वयं की जरूरतों को पूरा करने को राजी नहीं कर सकता, सिवाए उससे एकरूप होने के तरीके द्वारा. जैसे ही मनुष्य ईश्वर से अपने संबंध को पहचान लेता है, उसे सेहत, धन और शक्ति–सभी मिल जाते है.

28. इस सप्ताह के अभ्यास के लिए, सत्य पर ध्यान लगाओ. सत्य के सहारे ही आप आजाद हो सकते हैं अर्थात् आपकी सफलता के रास्तेकी सभी बाधाएँ दूर हो सकती हैं. सिर्फ आपको वैज्ञानिक तौर पर उचित तरीके लागू करने हैं. समझो कि अपनी अंदरूनी आत्मा की ताकत को, बाहर प्रकट करना है. महसूस करो कि शांत रहकर ही, सत्य की शक्ति को पहचान सकते हो, जिससे, हर तरफ बिखरी हुई संभावनाएँ आपको मिल जाती हैं. सर्वशक्तिमान स्वयं ने बिल्कुल निशब्द हैं: बाकी सब परिवर्तनीय है. अपनी अंदर की अद्भुत दुनिया को व्यक्त करने के लिए, ध्यान लगाओ, अब आप शांत होते चले जाओगे.

''विचारों की दुनिया असीमित है, इसके परिणाम शाश्वत हैं. फिर भी व्यक्ति, बजाए इसके कि अपनी विचारों से सफलता पाएँ, सब कुछ भाग्य पर छोड़ देता है.'

– मर्दन

▶ अभ्यास प्रश्न उत्तर सहित

201. शक्ति का असली रहस्य क्या है?

शक्ति को पहचानना. जिस भी वस्तु को हम पहचान जाते हैं, अवश्य ही भौतिक दुनिया में प्रकट करते हैं. इसी प्रकार उसे स्पष्टता देते हैं.

202. इस शक्ति का स्त्रोत क्या है?

सर्वव्यापी दिमाग, जिसमें से अन्य सभी वस्तुएँ निकली हैं. वह अपरिवर्तनीय तथा अविभाजनीय है.

203. यह शक्ति कैसे प्रकट होती है?

व्यक्ति के द्वारा.

204. हम सर्वशक्तिमान से कैसे संबंध जोड़े?

अपने विचार करने की शक्ति से. जो भी हम सोचते हैं, वही भौतिक दुनिया में होता है.

205. इस खोज का क्या नतीजा है?

इससे अद्भुत, असीमित संभावनाएँ, सामने आ जाती हैं.

206. अनुचित परिस्थितियों को कैसे हटाया जाए?

सर्वशक्तिमान से अपने संबंध को पहचान कर.

207. सर्वव्यापी दिमाग की एक विशेष बात क्या है?

वह बड़े उद्देश्यों के विषय में सोचता है. बड़े उद्देश्यों के रास्ते

में आने वाले छोटे विचारो तथा बाधाओं को नष्ट कर देता है.

208. हमें इसका अनुभव कैसे होगा?

आकर्षण के नियम द्वारा.

209. इसे कैसे लागू करें?

अपने उचित मानसिक व्यवहार द्वारा.

210 पुराने तथा नए विचारों में क्या अंतर हैं?

सृष्टि की प्रकृति को समझने के तरीके में अंतर का होना. पुराने तरीके में विशेषाधिकार की बातें थी. पर नए तरीकों में व्यक्ति को महत्व दिया गया है.

परिचय - भाग बाईस

विचार वे आध्यात्मिक बीज हैं, जिन्हें जब अर्ध-चेतन दिमाग में बोआ जाता है, तो वे बढ़ते जाते हैं, परंतु बहुधा फल हमारी आशाओं के अनुसार नहीं होता.

डर, चिंता, ईर्ष्या, घृणा आदि से पूर्ण विचार, बीमारियों तथा घबराहटों से भरी हुई स्थितियाँ ही पैदा करता हैं.

जिंदगी के कार्य दो प्रकार से चलते हैं - पहला, सचेत होकर, जिंदगी के लिए आवश्यक खुराक का इस्तेमाल करके, आगे बढ़ना तथा दूसरा, तोड़-फोड़ करना तथा बेकार के सामान को बाहर निकालना.

जिंदगी की सभी अच्छी-बुरी प्रक्रियाओं का, यही आधार हैं. अगर भोजन पानी तथा हवा, जीव के विकास की मूल शर्तें हैं तो यह भी निश्चित है, कि व्यक्ति की जिंदगी को असीमित साधन प्रदान करना भी मुश्किल नहीं है.

व्यक्ति के गलत विचारों से शरीर में बेकार के तत्व इकट्ठे हो जाते हैं जो शरीर को खराब करते हैं. धीरे-धीरे ये पूरे शरीर पर अपना गलत असर डाल देते हैं. तब इसे हटाने के लिए, शरीर में सकारात्मक ऊर्जा डालनी चाहिए. यह सिर्फ अनुचित विचारों को हटा कर ही संभव है.

अच्छे विचार, व्यक्ति के व्यक्तित्व (अंदरूनी तथा बाहरी) दोनों पर जादू के समान कार्य करते हैं, ऐसा लाभ उसे पौष्टिक भोजन से भी नहीं मिल सकता.

भाग

बाईस

1. ज्ञान अमूल्य वस्तु है. इसी को लागू करके, हम अपना भविष्य संवार सकते हैं. हमारे पुराने सोचने के तरीके पर ही हमारा आज का चरित, योग्यता, परिस्थितियाँ तथा शारीरिक स्थितियाँ निर्भर हैं.

2. अगर हमारी सेहत, हमारी इच्छा के अनुसार नहीं है, तो जरा अपने सोचने के तरीके पर नजर डाले. प्रत्येक विचार दिमाग पर असर छोड़ता है. इन्हीं से आदतों का निर्माण होता है. यही आदतें अपने लिए आवश्यक परिस्थितियों तथा अपने जैसी आदतों को आकर्षित करती है. शीघ्र ही हमारे पास ऐसी बातों की फसल तैयार हो जाती है.

3. अगर ये विचार अनुचित होंगे तो फसल भी जहरीली ही होगी, अत: प्रश्न यह है कि फिर हम कैसा सोचे कि फसल बढ़िया हो.

4. भौतिक अवस्था को बदलने के लिए, उसकी मानसिक तस्वीर बदल डालो. अनेकों ने अपनी गंभीर बीमारियों को, इसी तरीके से कुछ सप्ताह में ठीक कर डाला. हजारों ने इस तरीके का

इस्तेमाल करके, साधारण शारीरिक परेशानियों से, चुटकियों में निजात पाई हैं.

5. आकंपन के नियम से दिमाग पूरे शरीर पर नियंत्रण रखता है. प्रत्येक मानसिक क्रिया एक आकंपन है. अत: प्रत्येक आकंपन से, शरीर के अंगों तथा क्रियाओं पर असर पड़ता है.

6. सृष्टि हमें प्रत्येक वस्तु, आकंपन की दर से ही अपना मूल्य निर्धारित करती हैं. आकंपन में अंतर आते ही, आपमें भी अंतर आना आरंभ हो जाएगा. इसी प्रकार से प्रकृति को भी बदला जा सकता है. चूंकि विचार भी आकंपन ही हैं, अत: इन्हें बदल कर हम अपने लिए, वांछित परिवर्तन ला सकते हैं.

7. इस शक्ति को प्रति क्षण इस्तेमाल किया जा सकता है. परेशानी सिर्फ इस बात की है कि इसे सचेत होकर, इस्तेमाल न करने के कारण, नतीजे भी उचित नहीं हैं. इच्छित नतीजों की प्राप्ति के लिए, समझदारी पूर्वक इसे इस्तेमाल करो. हम सभी यह जानते हैं कि शरीर के लिए उचित-अनुचित क्या है.

8. अपने अनुभवों से, अपने विचारों की शक्ल बनाओं. जब विचार रचनात्मक, साहसपूर्ण, अच्छे, वांछित होते हैं तो ऐसा ही नतीजा सामने आता है, अन्यथा नहीं, यूँ समझिए कि जो बोओगे, वही काटोगे. उचित विचारों का नतीजा, मानसिक, नैतिक तथा शारीरिक तौर पर सेहतमंद होने में निकलता है तथा घृणा, बीमारी, असहयोग का नतीजा भी वैसा होता है.

9. अत: स्पष्ट है कि शरीर पूरी तरह से दिमाग के नियंत्रण में चलता है.

10. उद्देश्यपूर्ण दिमाग के असर, तुरंत शारीरिक पहचान कराते हैं. किसी की बकवास को अगर आप मजाक में उड़ा देते हो, तो आपका पूरा शरीर इस हँसी में साथ देता है. किसी की दुखभरी बातें सुनकर, अगर आप की आँखों में पानी आ जाता है, तो भी यह विचारों के जवाब में की गई शारीरिक क्रिया है. यह सभी क्षणिक भावनाएँ होती हैं, अत: कुछ देर बाद, स्थिति पूर्वत: हो जाती है.

11. आओ देखें कि अर्धचेतन दिमाग की शरीर पर क्रियाएँ अलग-अलग क्यों होती हैं. शरीर को एक चोट लगने पर संपूर्ण शरीर उसे ठीक करने में लग जाता है. कोई गलत चीज निगलने पर, शरीर तुरंत उसे निकालना चाहता है, अनेक बाहरी लक्षण (उल्टी, जी मिचलाना आदि) द्वारा उसे समाप्त करना चाहता है. शरीर के खून के सफेद तत्व, शरीर की प्रतिरोधक क्षमता हैं. ये प्रत्येक इंफैक्शन को समाप्त करते हैं.

12. इन सब के लिए हमें कोई निर्देश नहीं देने पड़ते. हमारी जानकारी के बिनाही यह सब कार्य होते रहते हैं. जब तक हमारा हस्तक्षेप नहीं होता, नतीजे बिल्कुल ठीक होते हैं. डर, भय, चिंता से भरे विचार, इन अंगों की शक्ति क्षीण कर देते हैं.

13. सेहत का नियम भी आकंपन के नियम पर निर्भर है. यही सभी विज्ञान का तत्व है. यह हमारे दिमाग द्वारा संचालित है. व्यक्ति अपने अभ्यास तथा कोशिशों से इस अंदरूनी दुनिया (दिमाग) को

इच्छानुसार ढाल सकता है. समझदारी इसी में है कि बिना समय व्यर्थ किए, कार्य आरंभ करो. बाहरी दुनिया के प्रभावों को बदल डाले.

14. चूंकि कारण सदा अंदरूनी दुनिया को बदलने से बदले जा सकते हैं,अत: कारण बदलते ही प्रभाव भी बदल जाते हैं.

15. शरीर का प्रत्येक अंग समझदार है तथा आपका इशारा समझता है. जो आप तरीके अपनाने चाहोगे, ये वैसे ही तरीके बना देंगें.

16. उद्देश्यपूर्ण तस्वीरें बनाने से, रचनात्मक ऊर्जा के द्वारा एक संपूर्ण स्वस्थ शरीर बनता है.

17. दिमाग के सैल भी ठीक इसी प्रकार बने हैं. मानसिक व्यवहार से ही, दिमागी गुणों का निर्धारण होता है. अत: सेहत, शक्ति तथा ताकत के लिए, वैसे ही विचार बनाओ.

18. शरीर का प्रत्येक अंग-प्रत्यंग, आकंपन का नतीजा है.

19. मानसिक कार्य, आकंपन का ही रूप हैं.

20. अच्छे प्रकार से आकंपन होने से, बुरे आकंपन बदल सकते हैं, समाप्त हो जाते हैं.

21. आकंपन के द्वारा ही, दिमागी सैल कार्य करते हैं, इसलिए-

22. अपने शरीर में वांछित परिवर्तन लाने हेतु, दिमागी शक्तियों से काम लो. सर्वशक्तिमान के प्राकृतिक नियमों से सहयोग करो, तो सभी प्रकार की सीमितताएँ समाप्त हो जाएँगी.

23. शरीर पर दिमागी नियंत्रण पर अब अनेक डाक्टरों ने भी ध्यान देना आरंभ कर दिया है.

24. अनेक डाक्टर, अपनी स्वयं के प्रेरणा से ही ऐसा करते हैं. उन्हें किसी किताब या ट्रेनिंग द्वारा यह ज्ञान नहीं दिया गया.

25. मानसिक शक्ति से इलाज को, प्रत्येक मेडिकल कॉलेज में ध्यानपूर्वक पढ़ाया जाना चाहिए, परंतु अभी यह विचार, लोगों को पूरी तरह समझ नहीं आया है.

26. कुछ ही रोगी यह जानते हैं, कि वे स्वयं के लिए क्या कुछ नहीं कर सकते. सामान्यतः लोग यही मानते है कि वे स्वयं कुछ नहीं कर सकते. मानसिक चिकित्सा से रोगी स्वयं को, स्वयं ही शांत कर सकता है. स्वयं में, खुशी, आशा, प्यार और विश्वास जगा सकता है. लगातार अभ्यास से दुखभरे कारणों को खुशी में बदल सकता है.

27. इस सप्ताह के अभ्यास के लिए, कवि टेनीसन की मशहूर कविता का ध्यान करो, 'प्रभु से संपर्क करो, क्योंकि वह सुनता है. आत्माको परमात्मा से मिलने दो, वह स्वयं तुम्हारे पास आ जाएगा.'' प्रभु से अपने संबंध को महसूस करो.

28. यह भावनाएँ, हर प्रकार की अनुचितता को नष्ट कर देंगीं तथा अच्छी भावनाओं को आगे लाएँगी.

29. कुछ लोग यह समझते हैं कि बीमारियाँ, परेशानियाँ ईश्वर–प्रदत्त हैं, पर ऐसा होता तो इसका मतलब यह था, कि प्रत्येक डॉक्टर, वैद्य या नर्स, प्रभु की आज्ञा का उल्लंघन कर रहे हैं. यह विचार बिल्कुल बेसिर–पैर का है.

30. एक अन्य विचार के अनुसार, प्रभु ने जीवका निर्माण किया, फिर उसे पहले हर प्रकार की छूट दे दी और बाद में उसे सजा मिली. पर यह भी सही नहीं है.

31. प्रभु ने मात्र इंसान को बनाया, उसे अपने समान शक्तिशाली बनाकर शक्तियाँ दी. इस प्रकार मानव, प्रभु का अंश होने के कारण, उसके समान ही है. संभावनाएँ कार्यरूप ले लेती हैं. प्रेरणा मिलने से ही कार्य संपन्न हो जाए हैं. ज्ञान से वृद्धि होती है. आध्यात्मिकता की प्राप्ति होते ही असीमित सफलता पाने की उम्मीद कायम हो जाती है.

▶ अभ्यास प्रश्न उत्तर सहित

211. बीमारियों से कैसे बचें?

सर्वशक्तिमान् के प्राकृतिक नियमों से सहयोग करके.

212. इसका क्या तरीका है?

यह समझना कि मानव एक आध्यात्मिक तत्व है और उसकी आत्मा (दिमाग) बिल्कुल उचित होनी चाहिएँ.

213. इसका क्या नतीजा होगा ?

इस संपूर्णता को पूरी तरह पहचानो, पहले बौद्धिक तौर पर फिर भावनात्मक तौर पर. इस पहचान से कार्यरूप में लाना आसान हो जाएगा.

214. ऐसा क्यों ?

क्योंकि विचार आध्यात्मिक होते हैं, अत: वे रचनात्मक भी होते हैं. अपने उद्देश्यों से जुड़कर, वे उन्हें क्रिया रूप प्रदान करते हैं.

215. किस प्राकृतिक तरीके के अंतर्गत ऐसा होता है?

आकंपन के नियम से.

216. यही नियम क्यों?

श्रेष्ठ आकंपनों से, हीन आकंपन स्वत: समाप्त हो जाते हैं.

217. क्या मानसिक चिकित्सा का यह तरीका मान्यताप्राप्त है?

हाँ, अनेक लोगों ने इससे लाभ उठाया है.

218. इस विचार प्रक्रिया का क्या नतीजा है?

विश्व के इतिहास में प्रथम बार यह तत्थ प्रमाणित हुआ है, कि व्यक्ति की सर्वश्रेष्ठ तार्किक बुद्धि को सत्य से संतुष्ट किया जा सकता है.

219. क्या यह तरीका अन्य तरीकों की पूर्ति में, इस्तेमाल किया जा सकता है?

यह प्रत्येक मानवीय जरूरत को पूरा करता है.

220 क्या यह विचार वैज्ञानिक है या धार्मिक?

दोनों. विज्ञान तथा धर्म, एक दूसरे के पूरक हैं.

परिचय - भाग तेईस

सफलता का नियम, सेवा करने के साथ जुड़ा है. जो हम देते हैं, वही हम पाते हैं. अत: देने योग्य होना, स्वयं में एक विशेषाधिकार है.

अब चूंकि प्रत्येक रचनात्मक क्रिया-कलाप के पीछे, विचार छुपे होते हैं. अत: विचारों का वास्तविक तौर पर बहुत महत्व है.

रचनात्मक विचार, ध्यान आकर्षित करते है. आकर्षण से ध्यान लगाने की शक्ति विकसित होती है. फिर उससे आध्यात्मिक शक्ति विकसित होती है. जो सबसे ताकतवर होती है.

इस विचार ने सभी विषयों में प्रवेश कर लिया है. यह सभी कलाओं से श्रेष्ठ है तथा मानव जिंदगी के लिए अत्यंत महत्वपूर्ण है.

इसमें अनगिनत संभावनाएँ छुपी हैं. पर इसमें मास्टरी पाने के लिए, सदा मेहनत करनी पड़ती है. अगर आगे नहीं बढ़ोगे, तो पीछे रह जाओगे. यह शाश्वत सत्य है, कि सकारात्मक, रचनात्मक तथा दयापूर्ण विचारों का नतीजा (प्रभाव) सदा उत्तम होता है. प्रकृति सदा स्वयं को संतुलित रखती है. आपकी कोशिशें अवश्य ही रंग लाती है.

भाग

तेईस

1. धन–संपदा के प्रति जागृकता, दिमाग का एक तरीका है. इससे व्यापार करने के लिए व्यक्ति तैयार हो जाता है. इससे व्यक्ति नए विचारों को ग्रहण करने के लिए तैयार हो जाता है. इच्छा हीवह साधन है जिससे व्यक्ति काम के लिए तैयार हो जाता है. डर वह गंभीर समस्या है जिससे बनता कार्य रुक जाता है.

2. धन के प्रति जागृकता के विपरीत स्थितियाँ, डर से पैदा हो जाती हैं. यह गरीबी की तरफ ले जाने वाला रास्ता बना देता है. अब चूंकि यह नियम अपरिवर्तनीय है, अत: जिस चीज का डर होता है, वही सामने आ जाती है. तो इस प्रकार, हमारे संपूर्ण अस्तित्व के लिए उत्तम विचारों का होना आवश्यक है.

3. हम पोस्तों की मदद से, धन पैदा करने के तरीके अपनाते हैं. इस प्रक्रिया में हम अपना दायरा बढ़ाते जाते है, कभी न कभी, उनकी सहायता करके. अत: पहला नियम है – सेवा करना. फिर आती है एकनिष्ठा तथा न्याय की बारी. जिस व्यक्ति की क्रियाएँ स्पष्ट नहीं होती वह, साफतौर पर, लापरवाह है. वह आदान–प्रदान के नियम नहीं जानता. वह जीत नहीं सकता. वह प्रभु से बेईमानी

नहीं कर सकता. उसे आँख के बदले आँख के नियम से कार्य करना ही पड़ेगा.

4. जीवन में शक्तियों के पैमाने लगातार घटते–बढ़ते रहते हैं. ये हमारे विचारों तथा आदर्शों से बनते हैं. अतः हमें सदा, खुले दिमाग से, नए विचारों का स्वागत करना चाहिए. मौके को पहचानकर उसका लाभ उठाना चाहिए.

5. आप स्वयं भी धन को अपनी तरफ खींच सकते हो. पर पहले आपको, दूसरों के लिए धन पैदा करना होगा. अगर आपके पास मौकों को समझकर, उनसे लाभ उठाने की योग्यता है आप उनसे लाभ उठा सकते हैं. आपकी सबसे बड़ी सफलता दूसरों की सहायता करने में है.

6. एक दयालु विचार, ताकतवर तथा महत्वपूर्ण होता है, जबकि एक स्वार्थी विचार में नष्ट होने के तत्व पहले से ही होते हैं. महान वितरक जैसे टर्नर, गेट्स आदि ने धन को आगे देकर, और धन कमाया. अतः हमेशा सफलता के लिए देना भी उतना ही महत्वपूर्ण है.

7. सर्वशक्तिमान ही दुनिया की समस्त शक्तियों का स्त्रोत है. हमें अपनी चेतना की, उसकी तरफ ऐसे नियोजित करना है, कि यह अपने लिए आवश्यक सभी चीजों को अपनी तरफ खींच ले. आप देखोगे कि जितना आप देते हो, उससे अधिक, वापिस मिल जाता है. यहाँ देने का अर्थ सेवा करने से है. सभी के पास देने के लिए

कुछ न कुछ होता है. जितना ज्यादा देते हैं, उससे अधिक वापिस मिल जाता है. जितना अधिक वापिस मिलता है, उतना ही देने की क्षमता और बढ़ती जाती है.

8. सामान्य व्यक्ति, अधिक गहन चिंतन नहीं कर सकता. वह दूसरों के विचारों को मान लेता है और तोते की तरह उन्हें ही रटता रहता है. इसी प्रकार से नेता, जनता की आवाज, अपने अनुसार बना लेते हैं. रचनात्मक विचारों के लिए ध्यान देना जरूरी है.

9. ध्यान देने की शक्ति को ध्यान लगाना भी कहते हैं. यह शक्ति इच्छा से संचालित है. अत: हमें इच्छित वस्तु के अलावा, किसी अन्य चीज पर बिल्कुल ध्यान नहीं देना है.

10. अनेक व्यक्ति दुख, हानि घृणा पर बहुत ध्यान देते हैं, पर उनकी यह विचार धारा उन्हें यही सब दिला देती है. दूसरी तरफ, हम जब सफलता, लाभ या किसी अन्य वांछित स्थिति से मिलते हैं, तब हम इनके प्रभावो पर अधिक ध्यान देते हैं तथा इन्हें ही प्राप्त करते हैं.

11. इसे व्यापार मे भी प्रयोग कर सकते हैं.

12. आत्मा, जागृकता का प्रतीक है, विचारों के पीछ छिपी सच्चाई है. सभी विचार, दिमागी क्रियाएँ हैं जो जाग्रक होकर की जाती हैं. इससे यह स्पष्ट होता है, कि आत्मा (दिमाग) ही सर्वोत्तम विचार है.

13. अत: इसे समझना, कार्य-रूप में लाना, वास्तविक चीज है, जिसे एक वास्तविक व्यक्ति ही कर सकता है. अत: यह भी निश्चित है, कि यह तथ्य समझते ही व्यक्ति को आध्यात्मिक नियमों को समझना तथा मानना आना चाहिए. अपनी इच्छित दिशा में चलने के लिए इस मूल तथ्य को समझना जरूरी है.

14. मैं एक ऐसे व्यक्ति को जानता हूँ जिसने जीवन में कई उतार-चढ़ाव देखे. वह पक्का भौतिकवादी व्यक्ति है. पिछली बार जब मैं उससे मिला, तो वह बिल्कुल निराश था. उम्र बढ़ने के साथ, विचारों की गति भी धीमी पड़ जाती है. उसने कहा, ''बिजनैस में जो भी बाते सफलता देती हैं, वे सब विचारों का नतीजा होती हैं. मैं, इस समय शिथिल हो चुका हूँ.

15. पर अगर आपकी यह 'प्रभु से संबंध' की विचारधारा उचित है, तो फिर मैं भी अपने, साहस और अनुभव से, इस पर काम करके सफलता पाऊँगा.''

16. इस घटना को कई माह बीत गए. आज अपने विचारों के बल पर, वह फिर से एक अत्यंत सफल व्यक्ति बन गया है, बल्कि पहले से कहीं अधिक सफल. यह मात्र 18 महीनों में ही हो गया. यह है, विचारों की शक्ति का कमाल.

17. अब यह समझ लो, कि इस व्यक्ति ने वास्तव में असीमित दिमाग से सीधा नाता जोड़ा और कार्य आरंभ किया और सफलता पाई.

18. अपने व्यक्तित्व की जटिलताओं को हटा दो. असीमित का सही प्रकार से समझो. उसकी सर्वत्र उपस्थिति तथा शक्ति के विचार से लाभ उठाओ. उसमें से सर्वोत्तम बात है जागृकता का होना. दूसरे शब्दों में, आत्मा की कार्य प्रणाली को समझना, सुधारना. इस विचार में कोई बुराई नहीं है, कि उसने, स्वयं को अपने उद्गम (परमात्मा) से मिला लिया है, अत: वह भी, ईश्वर का छोटा अंश होने के कारण, उसीकी तरह शक्ति हासिल कर पाया. हम सभी को, कमोबेश यही करना है. अपने दिमाग को विचारों की रचनात्मक दुनिया की तरफ चलाना है. इस व्यक्तिने अत्यंत, गहन ध्यान लगाकर अपने लिए सफलता अर्जित की.

19. मैंने उससे उसका तरीका नहीं पूछा, पूछना चाहूँगा. उसने अपनी सफलता के लिए जरूरी, असीमित विचारों की पूर्ति की तथा रचनात्मक विचारों का एक पैटर्न बनाया. इन दोनों को मिलाकर, इन्हें (अपने उद्देश्यों को) भौतिक रूप दिया. इन्हें समय-समय पर ठीक किया. धीरे-धीरे, सामान्य रूप से बढ़ते हुए, पूरा किया.

20. कुछ लोग, प्रभु की असीमित शक्ति को अपने लाभ के लिए इस्तेमाल करने के विचार से, पीछे रहते हैं, उन्हें यह सोचना चाहिए कि अगर इसमें प्रभु को कोई आपत्ति होती तो यह कार्य आरंभ ही नहीं होते. वे सर्वशक्तिमान, सर्वज्ञाता हैं, अत: हमें यह कार्य करना ही चाहिए.

21. आध्यात्मिकता अत्यंत, गहन वास्तविकता है. यह हमें सिखाती है कि आत्मा ही सत्य है. यही भौतिक तथ्यों तथा स्थितियों को, अपनी इच्छा से बनाती तथा ढालती है. यही सत्य है.

22. इस सप्ताह के अभ्यास के लिए इस तथ्य पर ध्यान लगाओ कि व्यक्ति के शरीर में आत्मा है, ऐसा नहीं है, बल्कि आत्मा स्वयं के लिए एक शरीर लिए है. इसी कारण से, उसकी इच्छाओं की, (जो आध्यात्मिक होती हैं) पूर्ति होती है, अन्य की नहीं. धन हमारी इच्छित स्थितियों को लाने का एक साधन है. यह स्थितियाँ अवश्य ही अनुकूल भी होती हैं, तभी ये उचित पूर्ति भी दे पाती है. अगर कहीं जीवन में कोई कमी है, तो धन का मुख्य कार्य सेवा है, यह तथ्य जानो. जानते ही अपने आप कमियाँ दूर हो जाएँगीं. आप समझ जाएँगे कि आध्यात्मिक तरीके ही वास्तविक तरीके हैं.

''किसी उद्देश्य के लिए स्पष्ट, आध्यात्मिक विचार होने से, वह उद्देश्य पूर्ण होता हैं. बस हमें नतीजे की पूर्णता के प्रति आश्वस्त होना चाहिए और इसके लिए ही मेहनत करनी चाहिए.''

– फ्रेंसिस लेरिमन बार्नर

▶ अभ्यास प्रश्न उत्तर सहित

221. सफलता का पहला नियम क्या हैं?

सेवा करना.

222. हम सेवा कैसे कर सकते हैं?

दिमाग को नए विचारों के लिए खुला रखो.

223. एक स्वार्थी विचार का क्या नतीजा होता है ?

यह स्वयं समाप्त हो जाता है.

224. महान सफलता कैसे पाएँ?

सिर्फ यह तथ्य पहचानों कि देना भी उतना ही जरूरी है, जितना कि पाना.

225. धनी व्यापारी (वितरक) कैसे सफलता पाते हैं?

अपने विचारो से.

226. प्रत्येक देश में, जनता कुछ लोगों के अनुसार क्यों चलती हैं.

क्योंकि वे अपनी विचार प्रक्रिया भी उन पर ही छोड़ देती है.

227. दुख और हानि पर ध्यान देने का क्या अर्थ है ?

अधिक दुख और अधिक हानि.

228. लाभ पर ध्यान देने का क्या प्रभाव होता है?

अधिक लाभ.

229. क्या व्यापार में यही नियम इस्तेमाल होता है?

सिर्फ यही एक नियम है जो पहले भी इस्तेमाल होता था और आगे भी होगा.

230 इस नियम की वास्तविकता क्या है ?

सफलता एक कारण नहीं, प्रभाव है. इसे पाने के लिए उचित कारण (विचार) जुटाओ.

"अपने दिमाग को महान विचारो से भरा दों. विश्वास करने से ही सफलता संभव है."

– डिजराइली

परिचय – भाग चौबीस

यह अंतिम अभ्यास है.

अगर आपने अभी तक के सभी अभ्यास ठीक प्रकार से किए है, तो आप अपनी जिंदगी को बिल्कुल वैसे ही बनाने के काबिल हो गए होंगे, जैसे कि आप चाहते हो. इसके लिए आप, ऐसे विद्यार्थी से बिल्कुल सहमत होगें. जिसने यह कहा, "ये विचार अत्यंत भावुकता भरे हैं. ये इतने साधारण पर निश्चित हैं, तार्किक हैं पर उपयोगी हैं."

इस ज्ञान का फल, प्रभु का उपहार है. इसी सत्य के कारण, व्यक्ति, 'आजाद' हो जाता है. उसे किसी भी प्रकार की कमी या सीमितता नहीं सताती. वह हर प्रकार के दुख, परेशानी तथा चिंताओं को भूल जाता है. यह नियम व्यक्ति से व्यक्ति में भेद नहीं करता.

अगर आप धार्मिक प्रवृत्ति के हैं, तो अंधविश्वासी मत बनो. अगर आप भौतिक विज्ञान में रुचि रखते हैं, तो नियम गणितीय शुद्धता से चलेगा. अगर आप दार्शनिक प्रवृत्ति के हैं, प्लेटो या इर्मरसन आपके टीचर हैं, तो भी आप असीमित शक्ति पा सकते हो.

ऐलकेमिस्ट ने इस नियम को समझाते हुए कहा है, कि इस नियम से दिमागी खजाने कों हाथ में लाया जा सकता है.

भाग

चौबीस

1. जब वैज्ञानिकों ने सौर मंडल की खोज की, तो एक बार तो संसार स्तब्ध रह गया. सभी ने इस खोज को बकवास कहा, पर फिर सत्यपूर्ण इस खोज का सभी पर कुछ न कुछ असर पड़ा.

2. हम जानते हैं कि घंटी शोर करती है पर वास्तव में इसमें आकंपन होते हैं. जब आकंपन समाप्त हो जाते हैं, फिर से शांति हो जाती है. अतः आवाज घंटी में नहीं, हमारे दिमाग में है.

3. सूर्य से हमें रोशनी मिलती है. इससे ऊर्जा पैदा होती है. हम यह भी जानते हैं, कि प्रकाश भी ऊर्जा का ही एक तरीका है. तरंगों के हिलने से, दिमाग में लहरें उठती हैं उसे ही प्रकाश कहते हैं. यह रोशनी रंग बदलती है जो आकंपन (तरंगों) के कारण होता है. गुलाब का लाल रंग, घास का हरा रंग आदि ये सभी हमारे दिमाग में ही विद्यमान विचार हैं. प्रकाश की तरंगों के आकंपन से, हमें ये महसूस होती हैं. आकंपन कम होने पर, कम महसूस होती हैं. अतः यह स्पष्ट है, कि हम ज्ञानेन्द्रियों पर यकीन नहीं कर सकते क्योंकि जो ये हमें दर्शाती हैं, वह पूर्णतः सत्य नहीं होता.

4. मानवीय अस्तित्व से संबंधी विज्ञान यह समझाता है,कि

सत्य, आपमें तथा इसी दुनिया में विद्यमान है. अनुकूलता पाने के लिए, अनुकूल विचार सोचो. सेहत पाने के लिए सेहतपूर्ण विचार सोचो. प्रचुरता पाने के लिए, ऐसा ही सोचो. ऐसा करने पर, हो सकता है कि आपको यह लगे कि आप ज्ञानेन्द्रियों के विपरीत जा रहे हो, पर सही तरीका यही है.

5. गलत विचारों से गलत परिस्थितियाँ उत्पन्न हो जाती हैं. तो फिर देर किस बात की, सत्य जान ही चुके हो, तो आगे बढ़ो. मुसीबतों के पहाड़ स्वतः हट जाएँगे.

6. आपके सिर्फ स्वयं ही, इस सत्य पर यकीन करना है. जब आप ऐसाकर पाओगे, तो सत्यपूर्ण विचार करने में कोई परेशानी नहीं होगी. जैसा कि पहले भी बताया गया है, कि सत्य एक स्वयं मे महत्वपूर्ण नियम होने के कारण, सदा सामने आता है.

7. मानसिक क्रियाओं से बीमारियों को ठीक करनेवाला, इसी सत्य को समझ कर, इलाज कर पाते हैं. ऐसा कर पाने पर, तुम्हें सत्य को समझने में कोई तकलीफ नहीं होगी. यह हमारी सबकी प्रतिदिन की जिंदगी में प्रकट होता है. जिंदगी, सेहत, साधनों की प्रचुरता, सर्वत्र फैली है, कोई भी हाथ बढ़ाकर इन्हें पा सकता है, पर जो लोग अभी तक बीमारियों, कमियों या परेशानियों के जाल में फँसे हैं, वे अभी तक इस महान नियम को नहीं समझ पाए.

8. सभी परिस्थितियाँ हमारे विचारों की देन हैं. अतः जैसे सही विचार सोचने शुरू करोगे, वैसे ही परिस्थितियाँ सुधरनी आरंभ हो जाएँगी.

9. इसे शांत रहकर सुधारा जा सकता है. अगर आपने वांछित परिस्थितियों की मानसिक तस्वीर बनाना सीख लिया है, तो नतीजे पाना आसान हो जाएगा. अगर नहीं सीखा, तो स्वयं को, इस सत्य की पूर्णता के प्रति आश्वस्त करो.

10. यह इतना आसान नहीं होगा. पर याद रखो कि यह कितना भी कठिन क्यों न हो, आपको यह करना ही होगा, क्योंकि इसमें परेशानी सिर्फ ही है. अत: स्वयं को, सत्य का यकीन दिलाओ, जो भी आप अपने लिए करना चाहते हो.

11. यह एक पूर्ण वैज्ञानिक विचार है. इसके अलावा किसी अन्य तरीके से नतीजों पर नहीं पहुँचा जा सकता.

12. प्रत्येक तरीके जिनसे ध्यान लगाने से मानसिक तस्वीरें बन जाती हैं. तर्कों तथा स्वयं की दी गई सलाहों से, आप सत्य का अहसास कर पाओगे.

13. किसी की मदद करने के लिए, सर्वप्रथम ऐसी इच्छा का होना जरूरी है. इससे आप उस व्यक्ति के साथ मानसिक रूप से जुड़ जाते हो. तब अपने दिमाग से सभी गलत विचार निकाल दो. ऐसा करते ही आप अपने उद्देश्य में कामयाब हो जाओगे तथा वह व्यक्ति ठीक हो जाएगा. उसकी मुसीबतें समाप्त हो जाएँगी.

14. पर याद रखो कि विचार रचनात्मक होते हैं तथा जब भी आप प्रतिकूलता के विचार करते हो तो यह जान लो कि ये स्थितियाँ सिर्फ वास्तव में सत्य नहीं होती. विचार (आत्मा) ही एक मात्र सत्य

है, यह कभी भी आधी–अधूरी उचित नहीं होती, बल्कि पूर्णतया उचित होती है.

15. विचार, ऊर्जा देने के तरीके हैं. सत्यपूर्ण विचार हर प्रकार के अज्ञान के अंधेरे को वैसे ही नष्ट कर देते हैं, जैसे रोशनी अंधेरे को. सत्य के आगे, कोई झूठ नहीं टिक पाता. अपनी पूरी मानसिक शक्ति से सत्य को हासिल करो, फिर देखो इसका कमाल.''

16. बाहरी दुनिया से आप सत्य को नहीं समझ सकते इसे अंदरूनी दुनिया में ही ढूंढना होगा.

17. सत्यपूर्ण दिमाग, मात्र सत्य परिस्थितियाँ ही देखता है. ऐसा करने की हमारी योग्यता, यह बताती है कि हम कितना समझ पाए हैं.

18. 'मैं'' पूर्ण हूँ, यह एक शाश्वत सत्य है. असली 'मैं' (आत्मा) आध्यात्मिक होती है, जो सदा पूर्ण होती है. इसमें कोई कमी नहीं होती. इसकी डोर, परमात्मा से जुड़ी होती है. हमें इस संबंध को पहचानना है, क्योंकि यही सभी प्रकार की प्रेरणाओं का स्त्रोत है. इसके नतीजे दूरगामी होते हैं.

19. सत्य, तार्किक प्रयोगों से सिद्ध होता है. न ही यह जाँचने से पता चलता है. यह तो विकसित चेतना का नतीजा है. आपकी जिंदगी, क्रियाएँ और प्रभाव, सभी उस सत्य की दर पर निर्भर करते हैं जा आपने विचारा है. क्योंकि यह किन्हीं नियमों में नहीं प्रकट होता बल्कि व्यवहार से पता चलता है.

20. सत्य चरित्र में प्रकट होता है. व्यक्ति का चरित्र, उसकी धार्मिक मान्यताओं का आइना होता है. उसकी संपत्तियों, काबलियतों से पता चलता है. अगर कोई व्यक्ति अपने धन-संपदा को जाता हुआ महसूस करता है. तो इस का अर्थ यह है कि वह तार्किकता का विरोध कर रहा होगा (अर्थात् गलत कार्य कर रहा होगा, चाहे वह स्वयं को कितना ही सत्यपूर्ण दिखाए.

21. अर्धचेतन दिमाग में, हमसे संबंधित प्रत्येक घटना तथा विचार पूर्णत: मौजूद है. इसीलिए ये अपने लिए जरूरी हर माकूल परिस्थिति को अपनी तरफ खींच लेते हैं. अत: हमारा भविष्य हमारे अपने हाथ में होता है. किसी भी किस्म की गलतीका कारण, अपने अंदर ही ढूंढो. ऐसा मानसिक कार्य ढूंढो जिसका परिणाम इस प्रकार निकला है.

22. सत्य आपको बंधनों से छुटकारा दिलवाता है. इस सत्य को जागृक होकर, जानकर आप प्रत्येक समस्या को सरल कर सकते हो.

23. अपने दिमाग में वैज्ञानिक शुद्धता रखो. बिल्कुल स्पष्टता से अपने उद्देश्यों का ध्यान करो तो वही सामने आ जाएगा.

24. अगर आप मात्र अधूरी परिस्थितियाँ, गलत उद्देश्य रखोगे तो वही आपके सामने आ जाएँगे. पर अगर अपने दिमाग को आध्यात्मिक 'मैं' को पहचानना सीखाओगे तो संपूर्ण प्रकार से उचित परिस्थितियाँ पाओगे.

25. सत्य सर्वोचित विचार है. सत्य से सत्य की ही उत्पत्ति होती है. अतः सत्य के आते ही, झूठ स्वतः समाप्त हो जाता है.

26. सर्वव्यापी दिमाग से ही सभी कुछ प्रकटा है. मानव की आत्मा ही उसका दिमाग है जो बुद्धिमान होती है.

27. आत्मा (दिमाग) सर्वव्यापी है.

28. इसी सर्वव्यापकता को इंसान ने 'प्रभु' कहा है. अनेक लोग इसे कोई बाहरी चीज समझते हैं, जबकि ऐसा नहीं है. यह हमारे अंदर निहित है. इसके बिना हमारा होना संभवित नहीं है. अतः हमारा जो भी कुछ है, यही आत्मा है.

29. आत्मा की एक मात्र क्रिया, विचार करना है. अतः विचार भी इसी की तरह रचनात्मक होते हैं. इनके द्वारा आप, अपना तथा दूसरों का भला कर सकते हो.

30. जब इस विचार को पूरी तरह समझोगे तो आप 'मास्टर-चाबी' पा लोगे. ऐसा वही लोग कर सकते हैं. जो समझदार हों, साक्ष्यों को तोल सकें, अपने उद्देश्यों को पूर्ण करें.

31. इस सप्ताह, इस अद्भुत दुनिया की भव्यता का ध्यान करो. स्वयं पर यकीन करो. सत्य की ताकत पर विश्वास करो. दुनिया की सभी शक्तियों उन्हीं के लिए हैं. जो इन्हें पाना चाहते हैं. जिन्होंने सही-गलत का भेद जाना है.

"विरासत में जमीनें प्राप्त की जा सकती हैं, बुद्धि नही. अमीर आदमी अपने लिए काम करने को मजदूर ढूंढ सकता है, पर अपने सोचने के लिए, किसी को ढूंढना नामुमकिन है."

– एस. स्माइल्स

▶ अभ्यास प्रश्न उत्तर सहित

231. मानवीय अस्तित्व के विज्ञान के सिद्धांत कैसे बने?
स्वयं तथा इस दुनिया में व्याप्त सत्य को पहचानकर.

232. आपसे संबंधित 'सत्य' क्या है?
'मैं' आध्यात्मिक होता है, अत: यह सदा संपूर्ण होता है.

233. गलतियाँ कैसे समाप्त की जाएँ ?
स्वयं को 'सत्य' के प्रति आश्वस्त करके.

234. क्या हम यह अन्य व्यक्तियों के लिए भी कर सकते हैं?
सर्वव्यापी दिमाग, अविभाजक है, अत: यह संभव है.

235. सर्वव्यापी दिमाग क्या है ?
सभी दिमागों का सार.

236. सर्वव्यापी दिमाग कहाँ है ?
यह सर्वत्र मौजूद है. यह हमारे अंदर भी मौजूद है. यह हमारा वजूद है ?

237. इसकी क्या प्रकृति है ?
यह आध्यात्मिक तथा रचनात्मक होता है. यह स्वयं को व्यक्त करता है.

238. हम इस से कैसे संबंध जोड़ें?

विचारों की शक्ति से.

239. विचार कैसे होंगे?

स्पष्ट, निर्णायक, शांत, उचित विचार अवश्य पूर्ण होते हैं.

240 इसका नतीजा क्या होगा?

आप परमपिता को जान जाओगे तथा उसे अंदर महसूस करोगे. आप जान लोगे कि बाइबिल की प्रत्येक बात सत्य है, इसे उचित समझ से पाया जा सकता है.

"मंदिरों में पवित्र मूर्तियाँ होती हैं, जिनका मानव-मन पर असर पड़ता है. पर वास्तव में, मानव के दिमाग में आए विचार तथा तस्वीरें ही वे अदृश्य शक्तियाँ हैं. जो लगातार उस पर असर डालते हैं. इन शक्तियों के आगे सभी सिर झुकाते हैं."

– जोनाथन एडवर्ड

Notes

Notes

Notes

Notes

Notes

Notes

Notes

Notes